à mon Père

LAUZIER

Mise en couleur JOHNNY COCA

tranches de vie

tome 3

DARGAUD ÉDITEUR
12, RUE BLAISE-PASCAL - 92201 - NEUILLY-SUR-SEINE

DU MEME AUTEUR :

UN CERTAIN MALAISE
LILI FATALE
TRANCHES DE VIE
tome 1
TRANCHES DE VIE
tome 2
TRANCHES DE VIE
tome 3
TRANCHES DE VIE
tome 4
LILI FATALE
CHRONIQUES DE L'ILE GRANDE
UN CERTAIN MALAISE
LA COURSE DU RAT
LA TETE DANS LE SAC

DANS LA COLLECTION PILOTE :

LES AVENTURES D'AL CRANE - Lauzier et Alexis
LE RETOUR D'AL CRANE - Lauzier et Alexis

DANS LA COLLECTION HUMOUR
EN GRANDS ALBUMS CARTONNES

RUBRIQUE-A-BRAC tome 1 - Gotlib
RUBRIQUE-A-BRAC tome 2 - Gotlib
RUBRIQUE-A-BRAC tome 3 - Gotlib
RUBRIQUE-A-BRAC tome 4 - Gotlib
RUBRIQUE-A-BRAC tome 5 - Gotlib
LES DINGODOSSIERS tome 1 - Gotlib-Goscinny
LES DINGODOSSIERS tome 2 - Gotlib-Goscinny
CINEMASTOCK tome 1 - Gotlib-Alexis
CINEMASTOCK tome 2 - Gotlib-Alexis
CLOPINETTES - Gotlib-Mandryka
TRUCS-EN-VRAC - Gotlib
LE GRAND DUDUCHE - Cabu
IL LUI FAUDRAIT UNE BONNE GUERRE (DUDUCHE) - Cabu
LE FOND DE L'AIR EST FRAIS - Fred
HUM ! - Fred
ÇA VA, ÇA VIENT - Fred
Y'A PLUS DE SAISON - Fred
MANU MANU - Fred
LES ANGOISSES DE CELLULITE - Bretecher
SALADES DE SAISON - Bretecher
LES ETATS D'AME DE CELLULITE - Bretecher
SOUVENIRS D'UN MENTEUR - Régis Franc

DEMANDEZ-LES A VOTRE LIBRAIRE

Dépôt légal 1° trimestre 1981 N° 4479

ISBN 2-205-01123-5

Publiphotoffset, Paris - imprimé en France

307, Benjamin Hudon St-Laurent Montréal. P.Q.H4N 1J1

Dépôt légal à Québec Dépôt légal à Ottawa 1° trimestre 1981

ISBN 2-205-01123-5

PRESSE IMPORT-LEO BRUNELLE INC. 307 Benjamin Hudon
St-Laurent Montréal - P.Q.H4N 1J1
DISTRIBUTEUR EXCLUSIF LICENCIE

des vacances rêvées

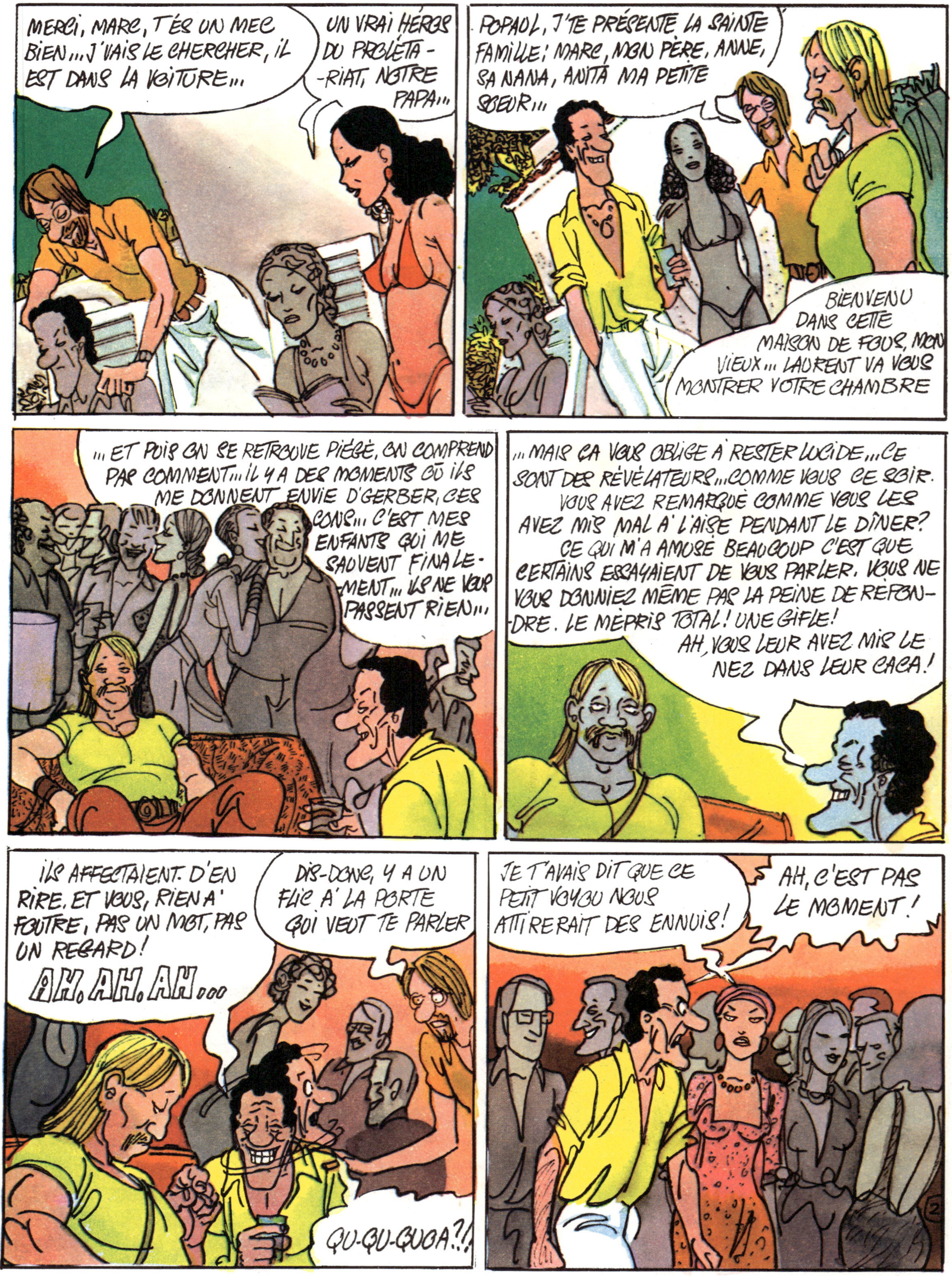
MERCI, MARC, T'ES UN MEC BIEN... J'VAIS LE CHERCHER, IL EST DANS LA VOITURE...
UN VRAI HÉROS DU PROLÉTARIAT, NOTRE PAPA...
POPAUL, J'TE PRÉSENTE LA SAINTE FAMILLE: MARC, MON PÈRE, ANNE, SA NANA, ANITA MA PETITE SOEUR...
BIENVENU DANS CETTE MAISON DE FOUS, MON VIEUX... LAURENT VA VOUS MONTRER VOTRE CHAMBRE
...ET PUIS ON SE RETROUVE PIÉGÉ, ON COMPREND PAS COMMENT... IL Y A DES MOMENTS OÙ ILS ME DONNENT ENVIE D'GERBER, CES CONS... C'EST MES ENFANTS QUI ME SAUVENT FINALEMENT... ILS NE VOUS PASSENT RIEN...
...MAIS ÇA VOUS OBLIGE À RESTER LUCIDE... CE SONT DES RÉVÉLATEURS... COMME VOUS CE SOIR. VOUS AVEZ REMARQUÉ COMME VOUS LES AVEZ MIS MAL À L'AISE PENDANT LE DÎNER? CE QUI M'A AMUSÉ BEAUCOUP C'EST QUE CERTAINS ESSAYAIENT DE VOUS PARLER. VOUS NE VOUS DONNIEZ MÊME PAS LA PEINE DE RÉPONDRE. LE MÉPRIS TOTAL! UNE GIFLE!
AH, VOUS LEUR AVEZ MIS LE NEZ DANS LEUR CACA!
ILS AFFECTAIENT D'EN RIRE. ET VOUS, RIEN À FOUTRE, PAS UN MOT, PAS UN REGARD!
AH. AH. AH...
DIS-DONC, Y A UN FLIC À LA PORTE QUI VEUT TE PARLER
QU-QU-QUOA?!!
JE T'AVAIS DIT QUE CE PETIT VOYOU NOUS ATTIRERAIT DES ENNUIS!
AH, C'EST PAS LE MOMENT!

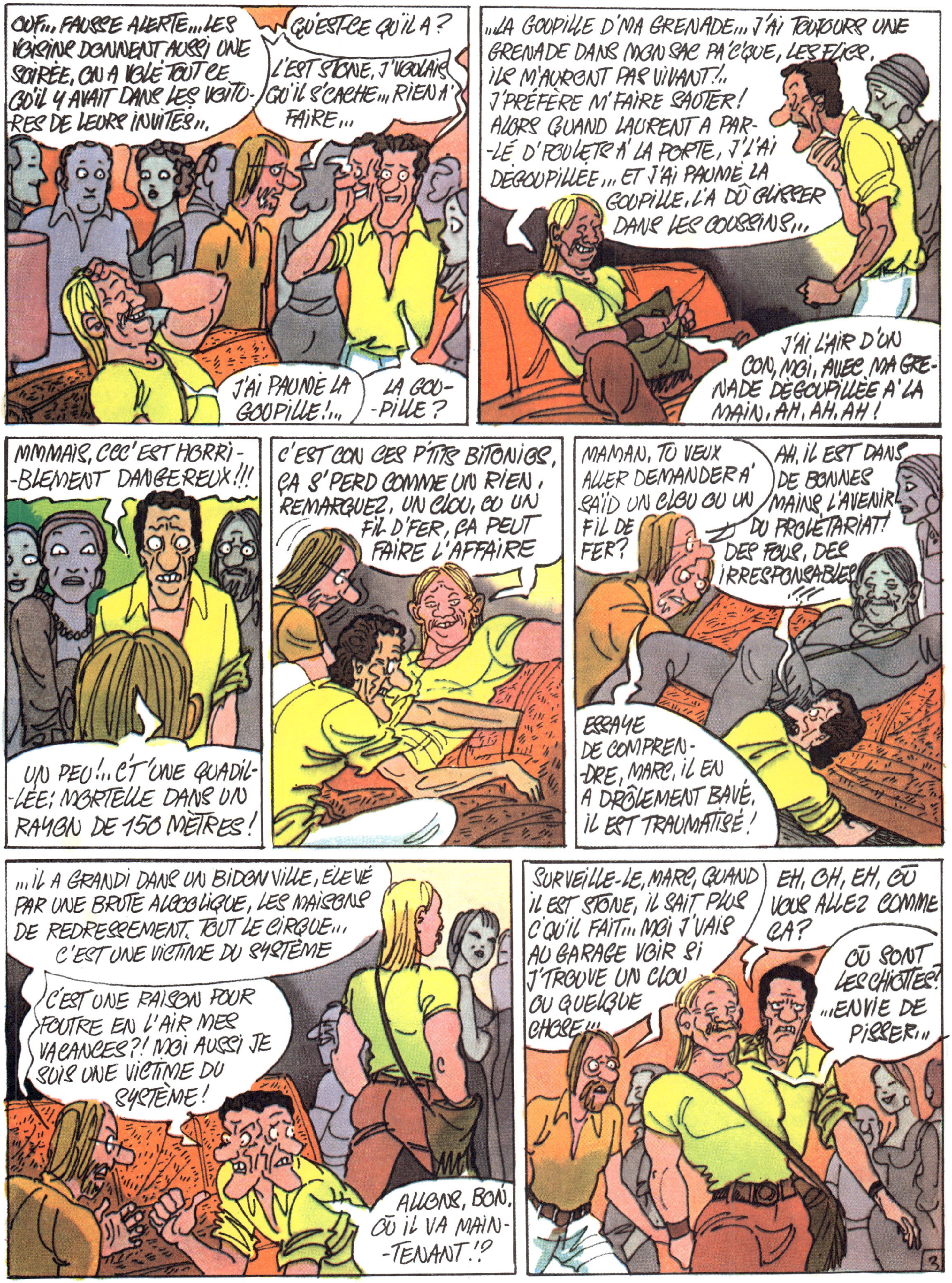
OUF... FAUSSE ALERTE... LES VOISINS DONNENT AUSSI UNE SOIRÉE, ON A VOLÉ TOUT CE QU'IL Y AVAIT DANS LES VOITU-RES DE LEURS INVITÉS...
QU'EST-CE QU'IL A?
L'EST STONE, J'VOULAIS QU'IL S'CACHE... RIEN A' FAIRE...
J'AI PAUMÉ LA GOUPILLE!...
LA GOU--PILLE?
...LA GOUPILLE D'MA GRENADE... J'AI TOUJOURS UNE GRENADE DANS MON SAC PA'C'QUE, LES FLICS, ILS M'AURONT PAS VIVANT!.. J'PRÉFÈRE M'FAIRE SAUTER! ALORS QUAND LAURENT A PAR--LÉ D'POULETS A' LA PORTE, J'L'AI DÉGOUPILLÉE... ET J'AI PAUMÉ LA GOUPILLE, L'A DÛ GLISSER DANS LES COUSSINS...
J'AI L'AIR D'UN CON, MOI, AVEC MA GRE-NADE DÉGOUPILLÉE A' LA MAIN, AH, AH, AH!
MMMAIS, CCC'EST HORRI--BLEMENT DANGEREUX!!!
UN PEU!.. C'T'UNE QUADIL-LÉE: MORTELLE DANS UN RAYON DE 150 MÈTRES!
C'EST CON CES P'TITS BITONIOS, ÇA S'PERD COMME UN RIEN. REMARQUEZ, UN CLOU, OU UN FIL D'FER, ÇA PEUT FAIRE L'AFFAIRE
MAMAN, TU VEUX ALLER DEMANDER A' SAÏD UN CLOU OU UN FIL DE FER?
AH, IL EST DANS DE BONNES MAINS L'AVENIR DU PROLÉTARIAT! DES FOUS, DES IRRESPONSABLES!
ESSAYE DE COMPREN--DRE, MARC, IL EN A DRÔLEMENT BAVÉ, IL EST TRAUMATISÉ!
...IL A GRANDI DANS UN BIDONVILLE, ÉLEVÉ PAR UNE BRUTE ALCOOLIQUE, LES MAISONS DE REDRESSEMENT, TOUT LE CIRQUE... C'EST UNE VICTIME DU SYSTÈME
C'EST UNE RAISON POUR FOUTRE EN L'AIR MES VACANCES?! MOI AUSSI JE SUIS UNE VICTIME DU SYSTÈME!
ALLONS, BON, OÙ IL VA MAIN--TENANT!?
SURVEILLE-LE, MARC, QUAND IL EST STONE, IL SAIT PLUS C'QU'IL FAIT... MOI J'VAIS AU GARAGE VOIR SI J'TROUVE UN CLOU OU QUELQUE CHOSE!!!
EH, OH, EH, OÙ VOUS ALLEZ COMME ÇA?
OÙ SONT LES CHIOTTES? ...ENVIE DE PISSER...
3

TIENS, MEC, TU M'TIENS ÇA 2 MINUTES, OK?
MMMAIS!
IL MANQUE PAS DE CULOT, CE PETIT SALAUD, MERDE!!!
AAAAHHH!
GILI, GILI, GILI!
SALAUD, ÇA FAIT 2 JOURS QUE JE TE VOIS PAS, TOU VEUX ME RENDRE FOLLE, DIS?!
ECOUTE, C'EST PAS LE MOMENT!
BON DIEU, OÙ EST-IL PASSÉ, CELUI-LÀ!
JE TE TROUVE BIEN FROID, DIS! JE NE SAIS PAS CE QUE TOU AS DERRIÈRE LA TÊTE...
...MAIS JE TE PRÉVIENS, MARC, ON NE JOUE AVEC MOI, TOU ENTENDS?! JE NE SOUIS PAS OUN DE TES POUTES FRANÇAISES... JE PEUX TE FAIRE BEAUCOUP DE MAL, MARC, ATTENTION!
PUISQUE JE TE DIS QUE JE T'ADORE, SACRÉ BORDEL DE NOM DE DIEU DE MERDE!
VOUS N'ALLEZ TOUT DE MÊME PAS FAIRE UNE SCÈNE À MON MARI SOUS MON PROPRE TOIT, MA PETITE!
OH, NON, NON, NON!!!
OH VOUS, ÇA VA, HEIN, VOTRE MARI, VOUS N'AVEZ QU'À VOUS DÉBROUIL-LER POUR LE GARDER!
TU CROIS QUE C'EST LE MO-MENT, DIS?!! TU SAIS CE QUE J'AI DANS LES MAINS?.. DE QUOI TUER 50 PERSONNES! ALORS TU N'AS TROUVÉ UN CLOU?!!
NON, JE NE T'AI PAS TROUVÉ DE CLOU! IL N'Y A PAS DE CLOU À LA CUISINE!
ET PARLE MOINS FORT, TU VEUX AFFOLER TOUT LE MONDE! DE QUOI J'AURAIS L'AIR, MOI, SI CETTE GRENADE EXPLOSAIT AU MILIEU DE MES INVITÉS, HEIN! ET DEVANT LES BROUTON-CUCHET, EN PLUS, QUE JE REÇOIS POUR LA 1re FOIS!... AVEC TOUT LE MAL QUE JE ME SOIS DONNÉ POUR LES AVOIR!

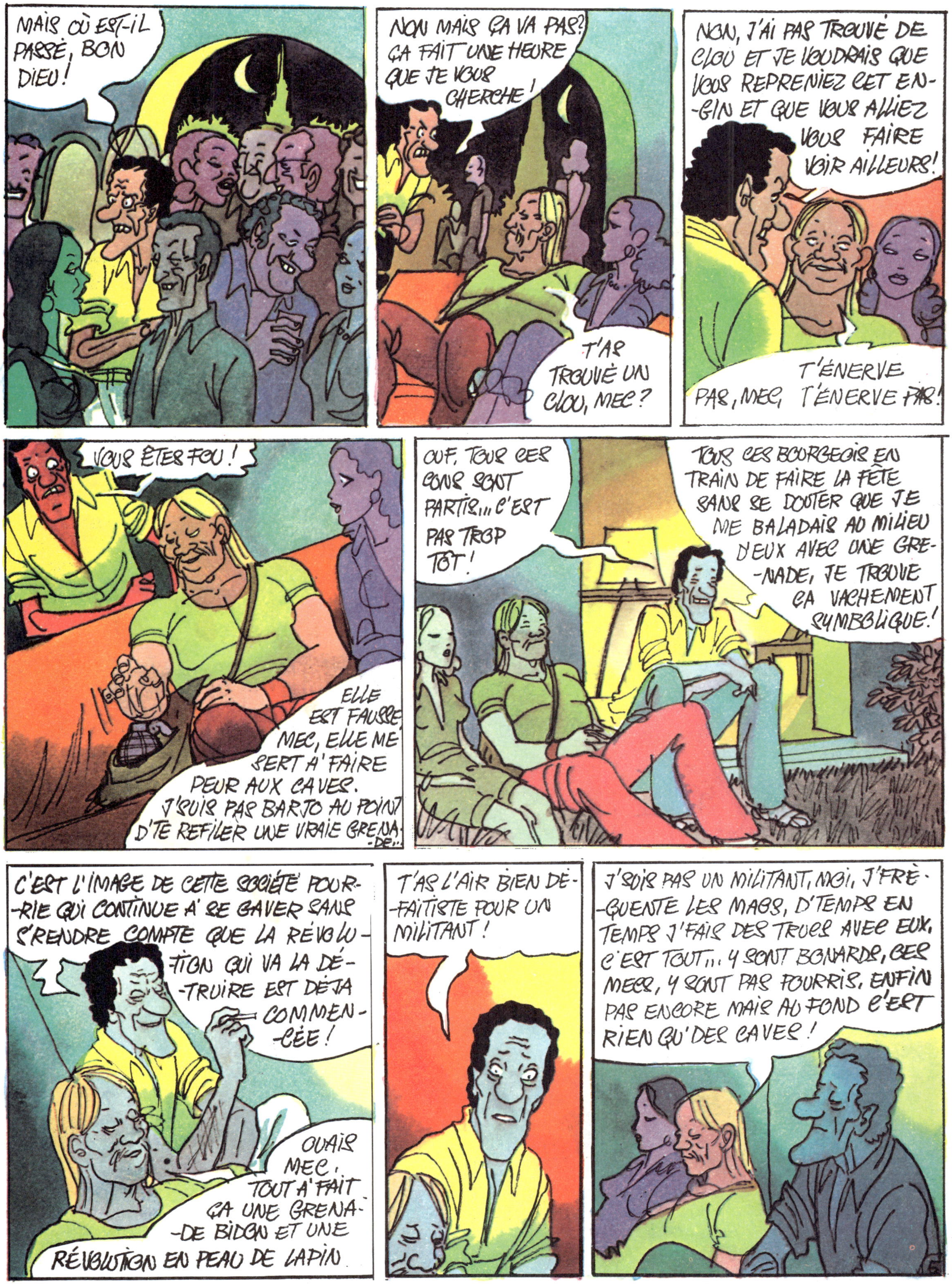
MAIS OÙ EST-IL PASSÉ, BON DIEU !
NON MAIS ÇA VA PAS? ÇA FAIT UNE HEURE QUE JE VOUS CHERCHE !
T'AS TROUVÉ UN CLOU, MEC ?
NON, J'AI PAS TROUVÉ DE CLOU ET JE VOUDRAIS QUE VOUS REPRENIEZ CET EN-GIN ET QUE VOUS ALLIEZ VOUS FAIRE VOIR AILLEURS !
T'ÉNERVE PAS, MEC, T'ÉNERVE PAS !
VOUS ÊTES FOU !
ELLE EST FAUSSE MEC, ELLE ME SERT À FAIRE PEUR AUX CAVES. J'SUIS PAS BARJO AU POINT D'TE REFILER UNE VRAIE GRENA-DE..
OUF, TOUS CES CONS SONT PARTIS... C'EST PAS TROP TÔT !
TOUS CES BOURGEOIS EN TRAIN DE FAIRE LA FÊTE SANS SE DOUTER QUE JE ME BALADAIS AU MILIEU D'EUX AVEC UNE GRE-NADE, JE TROUVE ÇA VACHEMENT SYMBOLIQUE !
C'EST L'IMAGE DE CETTE SOCIÉTÉ POUR-RIE QUI CONTINUE À SE GAVER SANS S'RENDRE COMPTE QUE LA RÉVOLU-TION QUI VA LA DÉ-TRUIRE EST DÉJÀ COMMEN-CÉE !
OUAIS MEC. TOUT À FAIT ÇA UNE GRENA-DE BIDON ET UNE RÉVOLUTION EN PEAU DE LAPIN
T'AS L'AIR BIEN DÉ-FAITISTE POUR UN MILITANT !
J'SUIS PAS UN MILITANT, MOI. J'FRÉ-QUENTE LES MECS, D'TEMPS EN TEMPS J'FAIS DES TRUCS AVEC EUX, C'EST TOUT... Y SONT BONARDS, CES MECS, Y SONT PAS POURRIS. ENFIN PAS ENCORE MAIS AU FOND C'EST RIEN QU'DES CAVES !

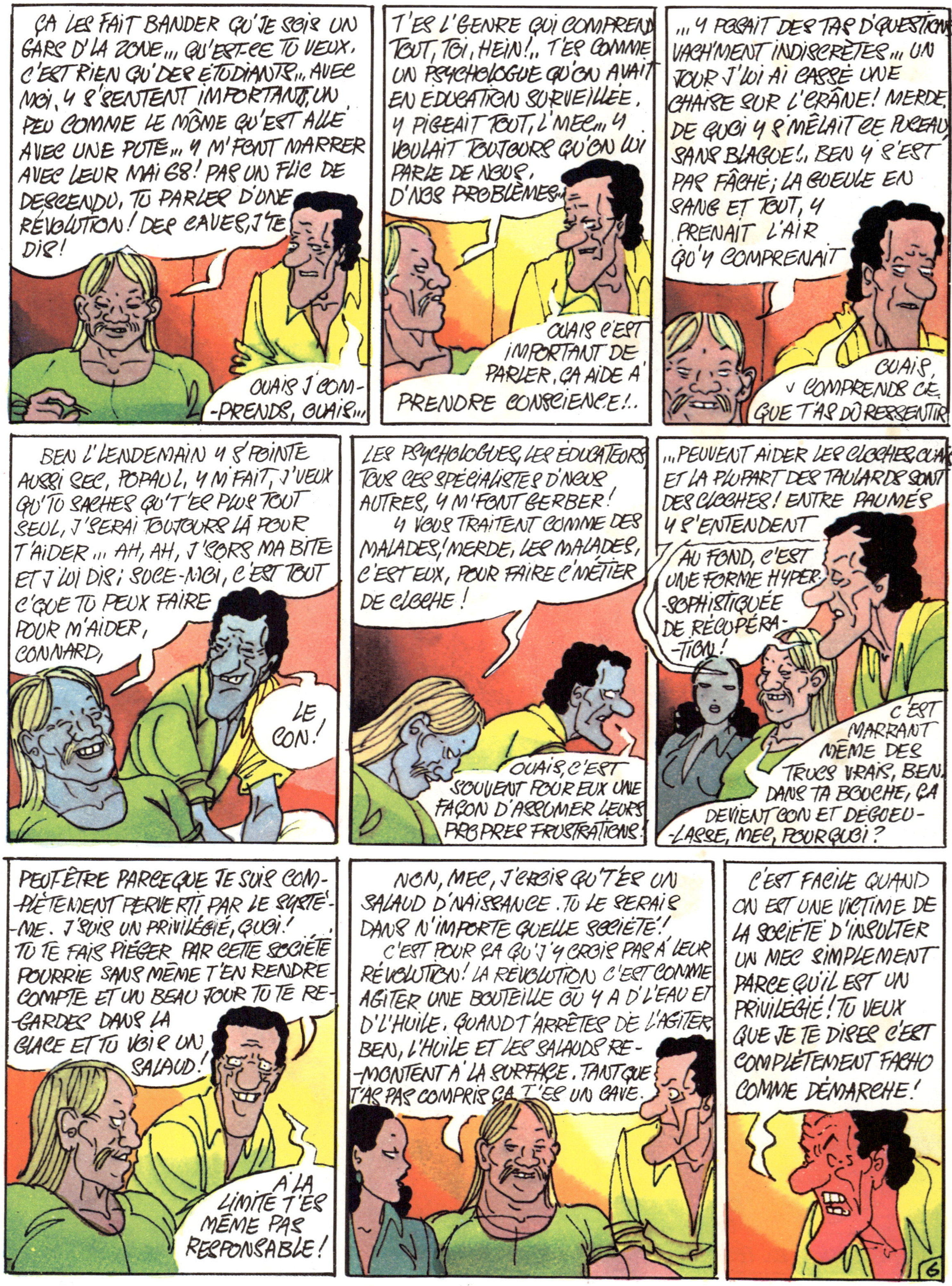
ÇA LES FAIT BANDER QU'JE SOIS UN GARS D'LA ZONE... QU'EST-CE TU VEUX, C'EST RIEN QU'DES ÉTUDIANTS... AVEC MOI, Y S'SENTENT IMPORTANTS, UN PEU COMME LE MÔME QU'EST ALLÉ AVEC UNE PUTE... Y M'FONT MARRER AVEC LEUR MAI 68! PAS UN FLIC DE DESCENDU, TU PARLES D'UNE RÉVOLUTION! DES CAVES, J'TE DIS!
OUAIS J'COM-PRENDS, OUAIS...
T'ES L'GENRE QUI COMPREND TOUT, TOI, HEIN!.. T'ES COMME UN PSYCHOLOGUE QU'ON AVAIT EN ÉDUCATION SURVEILLÉE. Y PIGEAIT TOUT, L'MEC... Y VOULAIT TOUJOURS QU'ON LUI PARLE DE NOUS, D'NOS PROBLÈMES...
OUAIS C'EST IMPORTANT DE PARLER, ÇA AIDE À PRENDRE CONSCIENCE!..
... Y POSAIT DES TAS D'QUESTIONS VACH'MENT INDISCRÈTES... UN JOUR J'LUI AI CASSÉ UNE CHAISE SUR L'CRÂNE! MERDE, DE QUOI Y S'MÊLAIT CE PUREAU, SANS BLAGUE!.. BEN Y S'EST PAS FÂCHÉ; LA GUEULE EN SANG ET TOUT, Y PRENAIT L'AIR QU'Y COMPRENAIT
OUAIS, J'COMPRENDS CE QUE T'AS DÛ RESSENTIR
BEN L'LENDEMAIN Y S'POINTE AUSSI SEC, POPAUL, Y M'FAIT, J'VEUX QU'TU SACHES QU'T'ES PLUS TOUT SEUL, J'SERAI TOUJOURS LÀ POUR T'AIDER... AH, AH, J'SORS MA BITE ET J'LUI DIS: SUCE-MOI, C'EST TOUT C'QUE TU PEUX FAIRE POUR M'AIDER, CONNARD,
LE CON!
LES PSYCHOLOGUES, LES ÉDUCATEURS, TOUS CES SPÉCIALISTES D'NOUS AUTRES, Y M'FONT GERBER! Y VOUS TRAITENT COMME DES MALADES, MERDE, LES MALADES, C'EST EUX, POUR FAIRE C'MÉTIER DE CLOCHE!
OUAIS, C'EST SOUVENT POUR EUX UNE FAÇON D'ASSUMER LEURS PROPRES FRUSTRATIONS!
... PEUVENT AIDER LES CLOCHES, OUAIS ET LA PLUPART DES TAULARDS SONT DES CLOCHES! ENTRE PAUMÉS Y S'ENTENDENT
AU FOND, C'EST UNE FORME HYPER-SOPHISTIQUÉE DE RÉCUPÉRA-TION!
C'EST MARRANT MÊME DES TRUCS VRAIS, BEN, DANS TA BOUCHE, ÇA DEVIENT CON ET DÉGEU-LASSE, MEC, POURQUOI?
PEUT-ÊTRE PARCEQUE JE SUIS COM-PLÈTEMENT PERVERTI PAR LE SYSTÈ-ME. J'SUIS UN PRIVILÉGIÉ, QUOI! TU TE FAIS PIÉGER PAR CETTE SOCIÉTÉ POURRIE SANS MÊME T'EN RENDRE COMPTE ET UN BEAU JOUR TU TE RE-GARDES DANS LA GLACE ET TU VOIS UN SALAUD!
À LA LIMITE T'ES MÊME PAS RESPONSABLE!
NON, MEC, J'CROIS QU'T'ES UN SALAUD D'NAISSANCE. TU LE SERAIS DANS N'IMPORTE QUELLE SOCIÉTÉ! C'EST POUR ÇA QU'J'Y CROIS PAS À LEUR RÉVOLUTION! LA RÉVOLUTION C'EST COMME AGITER UNE BOUTEILLE OÙ Y A D'L'EAU ET D'L'HUILE. QUAND T'ARRÊTES DE L'AGITER, BEN, L'HUILE ET LES SALAUDS RE-MONTENT À LA SURFACE. TANT QUE T'AS PAS COMPRIS ÇA T'ES UN CAVE.
C'EST FACILE QUAND ON EST UNE VICTIME DE LA SOCIÉTÉ D'INSULTER UN MEC SIMPLEMENT PARCE QU'IL EST UN PRIVILÉGIÉ! TU VEUX QUE JE TE DISES C'EST COMPLÈTEMENT FACHO COMME DÉMARCHE!
6

POURQUOI PERDS-TU TON TEMPS A' PARLER AVEC MON PERE, TU VOIS BIEN QUE C'EST UN CON!.. VIENS
OUAIS, T'AS RAISON!
TU NE PEUX PAS M'ACCUSER D'AVOIR ETE UN PÈRE RÉPRESSIF. J'AI TOUJOURS CHERCHÉ A' ÊTRE TON AMI! SI TU NE RESPECTES PAS TON PÈRE TU POURRAIS RESPECTER TON AMI!
QU'EST-CE QUE C'EST QUE CET ENERGUMÈNE QUE TU M'AS AMENÉ?! TU PARLES D'UN GAUCHISTE C'EST UNE GRAINE DE S.S. OUI!
ÉCOUTE, MARC, ESSAYE DE COMPRENDRE..
J'AI FOUILLÉ DANS SES BAGAGES TU SAIS CE QUE J'AI TROUVÉ?.. 2 REVOLVERS ET UNE MITRAILLETTE. VOILA LE GENRE DE VOYOU AUQUEL TU LIVRES TA FILLE!
JE LIVRE MA FILLE QU'EST-CE QUE TU RACONTES!
ANITA L'A REJOINT DANS SA CHAMBRE, FIGURE-TOI!
VA DIRE A' CE FOU FURIEUX DE DEGUERPIR IMMÉDIATEMENT, TU ENTENDS!
TU PEUX PAS FAIRE ÇA, MARC, IL A TOUS LES FLICS DE LA RÉGION AU CUL!
TOUS LES FLICS DE LA RÉGION?! POUR AVOIR CASSÉ LA FIGURE D'UN FACHISTE?!
LE GARS EST LE FILS D'UN COMMISSAIRE DE NICE. POPAUL LUI A TAPÉ DESSUS A' COUP DE BARRE DE FER. IL EST DANS LE COMA. IL AVAIT COMPLETEMENT ESQUINTÉ UN AMI DE POPAUL!
BEN, VOYONS. EN RÉALITÉ IL EST MORT ET TON PETIT CAMARADE L'A ENTERRÉ DANS LE JARDIN!..
POPAUL EST UN TYPE BIEN, MARC, IL EN A DRÔLEMENT BAVÉ!.. LES BIDONVILLES, UN BEAU-PÈRE ALCOOLIQUE, LES MAISONS DE REDRESSEMENT, TOUT LE CIRQUE... LAISSE-LE AU MOINS PASSER CETTE NUIT ICI!
IL A LA MANIE DES ARMES MAIS IL NE S'EN SERT PAS, J'TE JURE!
DEMAIN MATIN A' LA PREMIÈRE HEURE, IL FILE!
POURQUOI TU FAIS L'AMOUR AVEC MOI-MERDE AVEC LA GUEULE QUE J'AI, C'EST PAS LES BEAUX MECS QUI MANQUENT DANS TON MILIEU. PARC'QUE J'SUIS UN LOUBARD?.. ON EST DES ESPÈCES DE NÈGRES, NOUS AUT', PAS VRAI!
TU SAIS BIEN QU'C'EST PAS ÇA!
J'SAIS PAS, ÇA PEUT PARAITRE BIZARRE... MAIS JE CROIS QUE C'EST PARC'QUE T'A INSULTÉ MON PÈRE!
TOI, ALORS, AH, AH, TU M'LA COUPE, TIENS! Z'ÊTES TOUS TIMBRÉS DANS LA FAMILLE. AH, AH!

REMARQUE MOI AUSSI J'SUIS BARJO... TU M'CONNAIS PAS, J'SUIS COMPLÈTEMENT BARJO, MOI. J'PIQUE DES BAGNOLES, J'BRAQUE DES BANQUES. C'EST POUR ÇA QU'LES FAFS Y ZONT PEUR DE MOI, J'SUIS ENCORE PLUS FOU QU'EUX! J'CROIS QU'C'EST QU'JE VOIS LES CHOSES COMME ELLES SONT, T'VOIS. LA PLUPART DES MECS Y S'FONT DU CINÉMA, MOI J'PEUX PAS.
J'SAIS QU'J'AI PAS UNE CHANCE J'SUIS PARTI AVEC UN TROP GROS HANDICAP, QUOI... QU'EST-CE TU VEUX QU'JE FASSE?.. QU'JE BOSSE À LA CHAÎNE EN ALLANT AUX COURS DU SOIR POUR M'RETROUVER CADRE DANS 10 ANS?.. QU'J'AILLE JOUER À L'INDIEN AVEC CES PAUMÉS QUI VIVENT EN COMMUNAU-TÉS?
OU JOUER AU COW-BOY AVEC LES GAUCHOS À LA MIE D'PAIN?.. NON C'EST DES TRUCS DE CAVE QUI S'FAIT DU CINÉMA... NON, UN MEC COMME MOI SI Y VEUT PAS S'FAIRE BAISER FAUT QU'Y SOIT UN SALAUD, TRUAND QUOI!
SEULEMENT J'VEUX PAS NON PLUS ÊTRE UN SALAUD... J'AI VU C'QUE LES SALAUDS ONT FAIT À MA MÈRE. ALORS, BEN, J'SUIS FOU, ÇA M'REND BARJO, QUOI... J'FAIS QUE DES CONNERIES. ÇA DURERA CE QUE ÇA DURERA, MERDE!
BON DIEU, LAURENT, TON AMI POPAUL A ÉTÉ TUÉ! IL A TIRÉ SUR LES FLICS QUI VENAIENT L'ARRÊTER. ILS L'ONT DESCENDU!..
J'SAIS CE QUE VOUS PENSEZ... MAIS HONNÊTEMENT, JE NE POUVAIS PAS LE GARDER... SURTOUT APRÈS LA MORT DE SA VICTIME. C'ÉTAIT QUAND MÊME UN MEURTRIER! J'AI LA RESPONSABILITÉ D'UNE FAMILLE!
ET PUIS CE GARÇON N'ÉTAIT PAS RAISONNABLE! JE SAIS CE QUE TU RESSENS... ESSAYE DE NE PLUS Y PENSER... SORS, AMUSE-TOI... LES VACANCES NE FONT QUE COMMENCER!..
8

mon papa, ma maman et ma communauté...

J'AI DEMANDÉ À MAMAN C'QUE ÇA VOULAIT DIRE, AU JUSTE, BOURGEOIS. ELLE M'A EXPLIQUÉ DES TAS D'MACHINS QU'J'AI PAS COMPRIS SAUF UN TRUC...
ILS EXPLOITENT LES OUVRIERS, TU VOIS... ILS S'ENGRAISSENT DE LA SUEUR DES TRAVAILLEURS...
ÇA M'A FOUTU UN COUP! MÊME QU'J'ARRÊTE PAS D'Y PENSER... C'EST VRAIMENT DÉGUEULASSE DE BOIRE D'LA SUEUR D'TRAVAILLEUR! J'COMPRENDS QU'MA MÈRE, ELLE AIT PAS VOULU VIVRE AVEC UN MEC COMME ÇA!
TIENS V'LÀ TA SUEUR DE TRAVAILLEURS...
C'EST COMME QUAND KHALIL Y BOUFFE DES LIMACES, BEN, ÇA M'DÉBECTE.
J'ME DEMANDE COMMENT QU'ILS LA RÉCOLTENT, LA SUEUR DES TRAVAILLEURS
SUEUR TRAVAILLEURS
J'L'AI BIEN OBSERVÉ MON PAPA... ÇA DOIT ÊTRE POUR ÇA QU'IL A L'AIR GÊNÉ QUAND IL VIENT DANS LA COMMUNAUTÉ... L'A HONTE, QUOI.
AVEC PAPA ON VA TOUJOURS DANS L'MÊME RESTAURANT. Y A QU'DES BOURGEOIS. BEIN, ÇA S'VOIT QU'Y ZONT HONTE AUSSI.
Y SONT ASSIS TOUT RAIDE, TRISTE ET TOUT. Y PARLENT À VOIX BASSE COMME SI QU'Y ZAVAIENT PEUR...
EN ALLANT AUX TOILETTES J'EN AI PROFITÉ POUR ME RENSEIGNER...
DITES, M'SIEUR, VOUS LA FAITES AVEC D'LA SUEUR D'TRAVAILLEURS, VOT' CUISINE?
NON, P'TIT, NOTRE CUISINE ON LA FAIT AVEC DE L'HUILE DE COUDE!

APRÈS MON PAPA Y M'RACCOMPAGNE. AVANT D'ARRIVER À LA FERME, Y M'FILE LE FRIC POUR MAMAN.
QUAND J'RENTRE, SANS AVOIR L'AIR DE RIEN J'VAIS DANS L'FOND DU JARDIN, OÙ QU'Y A UN VIEUX PUIT ABANDONNÉ. C'EST LÀ QUE JE JETTE L'FRIC.
ON PEUT DIRE QU'J'EN AI JETTÉ DU FRIC DANS CE PUITS! HOU, LA, LA! MÊME QUE J'ME DEMANDE OÙ QU'JE LE JETTERAI QUAND Y S'RA REMPLI!
ÇA A COMMENCÉ QUAND ON EST VENU VIVRE ICI AVEC LES AUTRES. PAPA ET MAMAN Y ZÉTAIENT TRÈS FACHÉS, Y S'DISAIENT MÊME PAS BONJOUR. J'COMPRENAIS PAS POURQUOI. VU QU'JE SAVAIS PAS QUE MON PAPA Y BUVAIT D'LA SUEUR D'TRAVAILLEURS. QUAND J'AI DONNÉ L'FRIC D'PAPA À MAMAN...
J'LE CONNAIS. IL VEUT CONTINUER À ME FAIRE SENTIR SON POUVOIR DE MÂLE PHALLO. ME MONTRER QU'SANS SON SALE FRIC JE PEUX PAS M'EN SORTIR
TU VAS LUI RENDRE CE FRIC. JE TE DÉFENDS D'ACCEPTER DE L'ARGENT DE TON PÈRE, TU ENTENDS!
QUAND J'AI RENDU L'FRIC À MON PAPA, J'AI SENTI QU'ÇA LUI FAISAIT VACH'MENT D'LA PEINE. AU RETOUR, IL A INSISTÉ POUR QU'JE RAMÈNE LE FRIC À MA MÈRE.
MAMAN TE GRONDERA PAS. JE VAIS TE DONNER UNE LETTRE POUR ELLE...
ÇA LUI FAISAIT TELLEMENT PLAISIR QU'J'AI ACCEPTÉ. ET POUR PAS FÂCHER MA MÈRE, BEN, J'AI JETÉ LE FRIC DANS LE PUITS MAIS J'AI TOUT L'TEMPS PEUR QU'ON L'TROUVE. PASQUE DANS NOT' COMMUNAUTÉ Y DÉTESTENT LE FRIC! ZEN PARLENT TOUT L'TEMPS!
SI ON RÈGLE PAS CETTE TRAITE AVANT LE 15 ON EST FOUTU
SALETÉ D'FRIC!
AH. DIS-DONC, LE FRIC QUELLE SALOPERIE!
QUELLE MERDE CE FRIC

Y DÉTESTENT LE FRIC VU QU'LE FRIC, Y POURRIT TOUT. C'EST RAPPORT AU FRIC QU'LES PAYSANS Y PRODUISENT PLUS D'PRODUITS NATURELS
POURQUOI QU'LEUR BLÉ, IL EST BEAU ET TOUT ET PAS L'NÔTRE?
PARCE QU'ILS FOUTENT DES PRODUITS CHIMIQUES, TU VOIS. L'EST PAS NATUREL, LEUR BLÉ, L'NÔTRE, SI!
UN PRODUIT QU'EST PAS NATUREL, C'EST FACILE À RECONNAITRE, L'EST PLUS GROS ET PLUS BEAU. LA VOITURE À MON PAPA, ELLE EST PAS NATURELLE, LA VOITURE D'LA COMMUNAUTÉ ELLE L'EST.
ON A DES TRUCS PAS NATURELS AUSSI DANS LA COMMUNAUTÉ: L'DERRIÈRE DE AÏCHA, PAR EXEMPLE, L'EST PAS NATUREL. LE DERRIÈRE D'MAMAN, LUI, IL VACH'MENT NATUREL ET TOUT!
LES PAYSANS Y SAVENT PLUS CULTIVER D'FAÇON NATURELLE, NI CHANTER, NI DANSER, SAVENT PLUS RIEN DU TOUT! ON ESSAYE D'LEUR EXPLIQUER LES CHOSES MAIS Y S'EN FOUTENT. SONT COMPLÈT'MENT DÉPOLITISÉS... DÉPOLITISÉ ÇA VEUT DIRE CON...
AVEZ-VOUS RÉFLÉCHI SÉRIEUSEMENT AUX DANGERS DE LA POLITIQUE NUCLÉAIRE FRANÇAISE
MAIS C'EST PAS LEUR FAUTE AUX PAYSANS. C'EST LA FAUTE AU FRIC ET À LA SOCIÉTÉ. C'EST COMME POUR AÏCHA. AÏCHA C'EST LA MAMAN À KHALIL. ELLE A QUITTÉ M'SIEUR MOHAMED PASQU'IL LA BATTAIT À CAUSE QUE LA SOCIÉTÉ ELLE EST POURRIE
M'SIEUR MOHAMED QUAND IL VIENT TOUJOURS IL INSISTE POUR QU'ELLE RETOURNE AVEC LUI. MAIS AÏCHA, ELLE VEUT RIEN SAVOIR. ALORS ILS DISCUTENT EN ARABE QU'ON COMPREND RIEN DU TOUT.
POURQUOI QU'Y S'ÉNERVE TOUT LE TEMPS APRÈS AÏCHA, M'SIEUR MOHAMED
PARCE QU'IL A BESOIN D'AMOUR
ET POURQUOI QU'ELLE LUI EN DONNE PAS D'L'AMOUR AÏCHA?
PARCE QU'ELLE NE L'AIME PLUS
C'EST LA SOCIÉTÉ QUI A TUÉ LEUR AMOUR...
4

MOI J'SUIS BIEN CONTENT QU'LA SOCIÉTÉ, ELLE AIT TUÉ SON AMOUR, À AÏCHA. VU QU'MOI JE L'AIME, AÏCHA.
J'Y AI JAMAIS DIT NI RIEN PASQUE J'SUIS P'TIT. MAIS QUAND J'SERAI GRAND, J'ME FERAI TRAVAILLEUR IMMIGRÉ ET J'L'ÉPOUSERAI...
M'SIEUR MOHAMED, SON BESOIN D'AMOUR, ÇA L'REND D'PLUS EN PLUS NERVEUX. UN SOIR QU'IL ÉTAIT VRAIMENT INSUPORTAB', SANDY, ELLE L'A PRIS PAR LA MAIN ET ELLE L'A EMMENÉ DANS SA CHAMBRE ET ELLE LUI A DONNÉ DE L'AMOUR TOUTE LA NUIT
HIER ON A ENTERRÉ ONOMATOPÉE. ON ÉTAIT TRISTE PASQU'ON L'AIMAIT TOUS VACH'MENT ONOMATOPÉE. PIS ON VA PLUS AVOIR DE LAIT VU QU'ONOMATOPÉE C'ÉTAIT NOT' VACHE.
C'EST LA SOCIÉTÉ QUI L'A TUÉE, J'TE DIS! J'L'AI VUE ALORS!.. J'SUIS SORTI POUR PISSER C'TE NUIT. BEN, LA SOCIÉTÉ ELLE ÉTAIT DANS L'FOND DU JARDIN MÊME QU'ELLE M'A REGARDÉ QU'ÇA M'A FOUTU DRÔLEMENT LA TROUILLE!
M'SIEUR MOHAMED MAINTENANT C'EST À SANDY QU'Y D'MANDE DE L'AMOUR. J'AI JAMAIS VU QUELQU'UN QU'A AUTANT BESOIN D'AMOUR QUE M'SIEUR MOHAMED!
LA DERNIÈRE FOIS L'EST VENU AVEC SON COUSIN - UN JEUNOT QUI DIT RIEN MAIS QU'ON VOIT BIEN QU'LUI AUSSI L'A VACH'MENT BESOIN D'AMOUR!
JANIS EST FOUTUE. JANIS, C'EST NOT' BAGNOLE. TOUT L'MONDE FLIPPE PASQUE SANS JANIS ET SANS ONOMATOPÉE, ON SAIT PAS COMMENT QU'ON VA FAIRE.
AUJOURD'HUI J'SUIS ALLÉ À L'ÉTANG. Y'AVAIT AÏCHA, TOUTE SEULE. ELLE M'A RACONTÉ COMMENT QU'ELLE AVAIT ÉTÉ MALHEUREUSE AVEC M'SIEUR MOHAMED ET QU'Y VOULAIT LA TUER AU DEBUT QU'ELLE S'ÉTAIT ENFUIE CHEZ NOUS...
SI QUELQU'UN Y T'FAIT DU MAL, BEN, J'LE TUE!

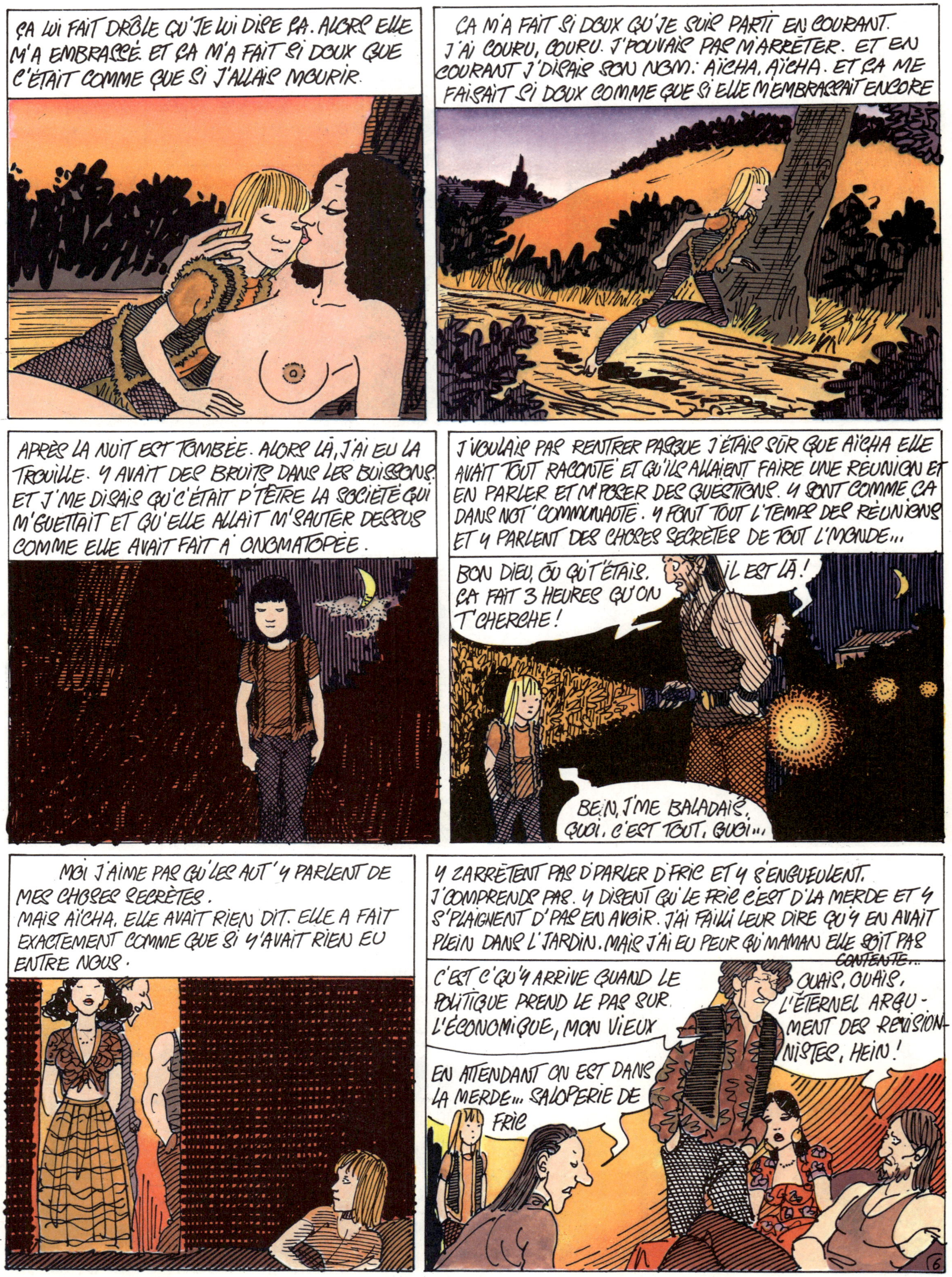
ÇA LUI FAIT DRÔLE QU'JE LUI DISE ÇA. ALORS ELLE M'A EMBRASSÉ. ET ÇA M'A FAIT SI DOUX QUE C'ÉTAIT COMME QUE SI J'ALLAIS MOURIR.
ÇA M'A FAIT SI DOUX QU'JE SUIS PARTI EN COURANT. J'AI COURU, COURU. J'POUVAIS PAS M'ARRÊTER. ET EN COURANT J'DISAIS SON NOM: AÏCHA, AÏCHA. ET ÇA ME FAISAIT SI DOUX COMME QUE SI ELLE M'EMBRASSAIT ENCORE
APRÈS LA NUIT EST TOMBÉE. ALORS LÀ, J'AI EU LA TROUILLE. Y AVAIT DES BRUITS DANS LES BUISSONS. ET J'ME DISAIS QU'C'ÉTAIT P'TÊTRE LA SOCIÉTÉ QUI M'GUETTAIT ET QU'ELLE ALLAIT M'SAUTER DESSUS COMME ELLE AVAIT FAIT À ONOMATOPÉE.
J'VOULAIS PAS RENTRER PASQUE J'ÉTAIS SÛR QUE AÏCHA ELLE AVAIT TOUT RACONTÉ ET QU'ILS ALLAIENT FAIRE UNE RÉUNION ET EN PARLER ET M'POSER DES QUESTIONS. Y SONT COMME ÇA DANS NOT' COMMUNAUTÉ. Y FONT TOUT L'TEMPS DES RÉUNIONS ET Y PARLENT DES CHOSES SECRÈTES DE TOUT L'MONDE...
BON DIEU, OÙ QU'T'ÉTAIS. ÇA FAIT 3 HEURES QU'ON T'CHERCHE!
IL EST LÀ!
BEN, J'ME BALADAIS, QUOI. C'EST TOUT, QUOI...
MOI J'AIME PAS QU'LES AUT' Y PARLENT DE MES CHOSES SECRÈTES. MAIS AÏCHA, ELLE AVAIT RIEN DIT. ELLE A FAIT EXACTEMENT COMME QUE SI Y'AVAIT RIEN EU ENTRE NOUS.
Y Z'ARRÊTENT PAS D'PARLER D'FRIC ET Y S'ENGUEULENT. J'COMPRENDS PAS. Y DISENT QU'LE FRIC C'EST D'LA MERDE ET Y S'PLAIGNENT D'PAS EN AVOIR. J'AI FAILLI LEUR DIRE QU'Y EN AVAIT PLEIN DANS L'JARDIN. MAIS J'AI EU PEUR QU'MAMAN ELLE SOIT PAS CONTENTE...
C'EST C'QU'Y ARRIVE QUAND LE POLITIQUE PREND LE PAS SUR L'ÉCONOMIQUE, MON VIEUX
OUAIS, OUAIS, L'ÉTERNEL ARGUMENT DES RÉVISIONNISTES, HEIN!
EN ATTENDANT ON EST DANS LA MERDE... SALOPERIE DE FRIC

HIER, JOJO ET PHIL. Y SONT PARTIS POUR TOUJOURS M'SIEUR MOHAMED. IL EST REVENU AVEC 3 AMIS A' LUI. ZAVAIENT TOUS VACHMENT BESOIN D'AMOUR. ILS VOULAIENT QU'SANDY ET AÏCHA ET MÊME MAMAN, ELLES LEUR EN DONNENT.
MAIS ELLES, ELLES VOULAIENT PAS EN ENTEND' PARLER. MÊME TONY, AVEC SA BARBE, ILS VOULAIENT QU'IL LEUR EN DONNE D'L'AMOUR. ALORS LÀ, ÇA A FINI EN BAGARRE.
APRÈS ÇA, AÏCHA, ELLE A EU PEUR. ELLE EST PARTIE AVEC JEAN ET KHALIL. ON EST RESTÉ QUE TONY, SANDY, MAMAN ET MOI. PLUS BOB ET ALICE LES MIOCHES A' SANDY.
ALLEZ, FAIS PAS CETTE TETE ! J'T'ÉCRIRAI ET PUIS ON S'REVERRA ! JE T'OUBLIERAI JAMAIS, TU L'SAIS !
J'M'EN FOUS QUAND J'SERAI GRAND, J'ME FERAI TRAVAILLEUR IMMIGRÉ ET J'T'ÉPOUSERAI, ALORS !
ET PUIS PAPA EST VENU NOUS CHERCHER, MAMAN ET MOI. EN PARTANT ON EST PASSÉ D'VANT LE VIEUX PUITS ABANDONNÉ. JE JETTERAI PLUS JAMAIS DE FRIC DEDANS. Y DOIT Y EN AVOIR UN SACRÉ TAS D'PUIS LE TEMPS... J'AI EU D'LA CHANCE QU'ILS L'AIENT JAMAIS TROUVÉ.
SI JE TIENS MA MOYENNE, ON SERA A' PARIS A' 3 HEURES. ON AURA QU'A' DINER A' AVALLON
MAINTENANT JE VIS AVEC LES BOURGEOIS. Y SONT GENTILS POUR DES GENS QUI BOIVENT D'LA SUEUR DE TRAVAILLEURS. MAIS SONT PAS TRÈS GAIS, QUOI... ON RIGOLAIT BIEN DANS NOT' COMMUNAUTÉ
Y A QU'UN TRUC. ICI, BEIN, J'AI PLUS PEUR QU'LA SOCIÉTÉ. ELLE M'SAUTE DESSUS, LA NUIT. J'PENSE SOUVENT A' AÏCHA... MAIS C'EST DRÔLE J'COMMENCE A' AVOIR DU MAL A' M'RAPPELER SON VISAGE.

la cause des femmes

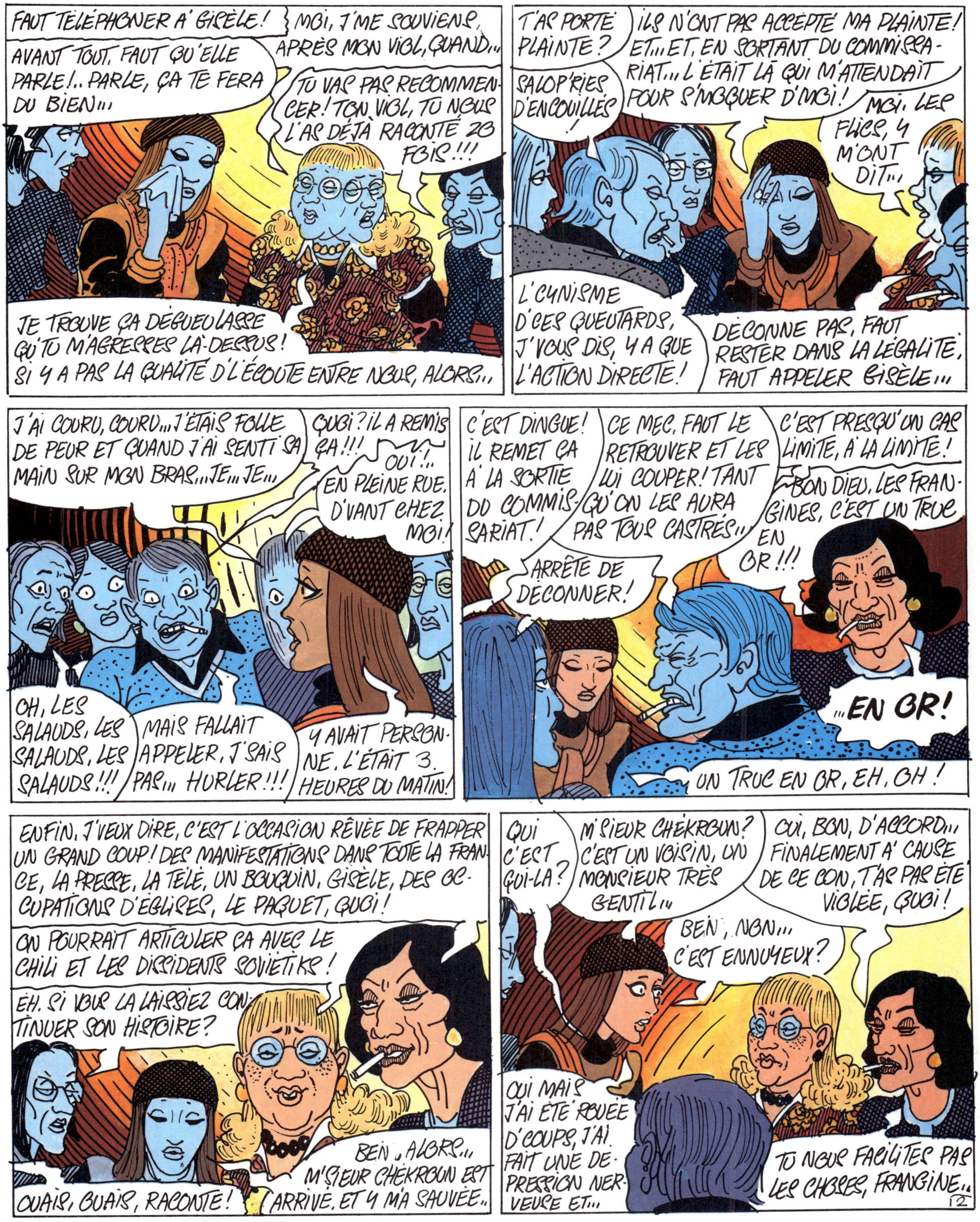
FAUT TÉLÉPHONER À GISÈLE!
AVANT TOUT, FAUT QU'ELLE PARLE!.. PARLE, ÇA TE FERA DU BIEN...
MOI, J'ME SOUVIENS, APRÈS MON VIOL, QUAND...
TU VAS PAS RECOMMENCER! TON VIOL, TU NOUS L'AS DÉJÀ RACONTÉ 20 FOIS!!!
JE TROUVE ÇA DÉGUEULASSE QU'TU M'AGRESSES LÀ-DESSUS! SI Y A PAS LA QUALITÉ D'L'ÉCOUTE ENTRE NOUS, ALORS...
T'AS PORTÉ PLAINTE?
ILS N'ONT PAS ACCEPTÉ MA PLAINTE! ET... ET, EN SORTANT DU COMMISSARIAT... L'ÉTAIT LÀ QUI M'ATTENDAIT POUR S'MOQUER D'MOI!
SALOP'RIES D'ENCOUILLÉS!
MOI, LES FLICS, Y M'ONT DIT...
L'CYNISME D'CES QUEUTARDS, J'VOUS DIS, Y A QUE L'ACTION DIRECTE!
DÉCONNE PAS, FAUT RESTER DANS LA LÉGALITÉ, FAUT APPELER GISÈLE...
J'AI COURU, COURU... J'ÉTAIS FOLLE DE PEUR ET QUAND J'AI SENTI SA MAIN SUR MON BRAS... JE... JE...
QUOI? IL A REMIS ÇA!!!
OUI!.. EN PLEINE RUE, D'VANT CHEZ MOI!
OH, LES SALAUDS, LES SALAUDS, LES SALAUDS!!!
MAIS FALLAIT APPELER, J'SAIS PAS... HURLER!!!
Y AVAIT PERSONNE. L'ÉTAIT 3 HEURES DU MATIN!
C'EST DINGUE! IL REMET ÇA À LA SORTIE DU COMMISSARIAT!
CE MEC, FAUT LE RETROUVER ET LES LUI COUPER! TANT QU'ON LES AURA PAS TOUS CASTRÉS...
C'EST PRESQU'UN CAS LIMITE, À LA LIMITE!
BON DIEU, LES FRANGINES, C'EST UN TRUC EN OR!!!
ARRÊTE DE DÉCONNER!
...EN OR!
UN TRUC EN OR, EH, OH!
ENFIN, J'VEUX DIRE, C'EST L'OCCASION RÊVÉE DE FRAPPER UN GRAND COUP! DES MANIFESTATIONS DANS TOUTE LA FRANCE, LA PRESSE, LA TÉLÉ, UN BOUQUIN, GISÈLE, DES OCCUPATIONS D'ÉGLISES, LE PAQUET, QUOI!
ON POURRAIT ARTICULER ÇA AVEC LE CHILI ET LES DISSIDENTS SOVIÉTIKS!
EH, SI VOUS LA LAISSIEZ CONTINUER SON HISTOIRE?
OUAIS, OUAIS, RACONTE!
BEN, ALORS... M'SIEUR CHÉKROUN EST ARRIVÉ, ET Y M'A SAUVÉE...
QUI C'EST QUI-LÀ?
M'SIEUR CHÉKROUN? C'EST UN VOISIN, UN MONSIEUR TRÈS GENTIL...
OUI, BON, D'ACCORD... FINALEMENT À CAUSE DE CE CON, T'AS PAS ÉTÉ VIOLÉE, QUOI!
BEN, NON... C'EST ENNUYEUX?
OUI MAIS J'AI ÉTÉ ROUÉE D'COUPS, J'AI FAIT UNE DÉPRESSION NERVEUSE ET...
TU NOUS FACILITES PAS LES CHOSES, FRANCINE...
12

J'SAIS PAS SI GISÈLE MARCHERA DANS CES CONDITIONS...
MERDE ON VA PAS LUI DEMANDER SON AVIS !
ELLE VA DIRE QU'C'EST PAS PLAIDABLE
RIEN À FOUTRE ! ON DEMANDE PAS À UN SOLDAT S'IL A ENVIE D'MONTER EN 1re LIGNE ! ON EST EN GUERRE !!!
ELLE PLAIDERA LES COUPS ET BLESSURES...
LES COUPS ET BLESSURES C'EST PAS MOBILISATEUR !
MAIS C'EST L'OCCASION RÊVÉE D'ÉLARGIR LA NOTION DE VIOL !.. L'VIOL ÇA COMMENCE PAS À LA PÉNÉTRATION ! MEC,
C'TON SCHÉMA DE ÇA ! L'VIOL ÇA PEUT ÊTRE UN REGARD, UN GESTE !
OUAIS, L'A VACH'MENT RAISON ! LA DRAGUE C'EST DU VIOL !
PEUT-ÊTRE MAIS DEVANT UN TRIBUNAL...
JUSTEMENT SI L'DRAGUEUR ÉTAIT PASSIBLE DES TRIBUNAUX, BEN, UN PINOCHET Y RÉFLÉCHIRAIT À DEUX FOIS AVANT D'TUER UN ALLENDE !
LÀ J'TE SUIS PAS TRÈS BIEN...
MAIS OUI, TOUT SE TIENT ! LE "ALORS, POULETTE ON S'PROMÈNE" DU DRAGUEUR, C'EST AUSCHWITZ DANS L'OEUF !.. C'T'ÉVIDENT !
BON, REVENONS AUX CHOSES SÉRIEUSES... ALORS, RACONTE... CE SALE CON INTERVIENT AU DERNIER MOMENT, ET APRÈS ?
M'SIEUR CHEKROUN, C'EST PAS UN SAL'CON, IL EST TRÈS GENTIL !
C'EST TOUT D'MÊME LUI QUI L'A SAUVÉE !
PEUT-ÊTRE MAIS SANS LUI ON AVAIT UN TRUC DÉCISIF ! IL PENSAIT PAS À MAL, D'ACCORD, MAIS SON INTERVENTION EN FAIT UN ALLIÉ OBJECTIF DES VIOLEURS, À LA LIMITE, J'VEUX DIRE...
ÇA PEUT FAIRE QUAND MÊME UNE SACRÉE CAMPAGNE !
APRÈS, M'SIEUR CHÉKROUN M'A RACCOMPAGNÉE. AH, LA, LA LES ARABES, Y M'A DIT, C'EST...
ME DIS PAS QUE C'EST UN TRAVAILLEUR IMMIGRÉ QUI T'A ATTAQUÉE !
TRAVAILLEUR, ÇA, J'CROIS PAS. MAIS ARABE, OUI, J'SUIS SÛRE. POURQUOI FALLAIT PAS ?
MERDE ! TU NOUS SIMPLIFIES PAS LES CHOSES ! TU LE CONNAIS ? TU SAIS D'OÙ IL EST ?
BEN, OUI DE PALESTINE, JE CROIS..
HOU, LA, LA, LA !
EH, MAIS DIS-DONC ! CHÉKROUN C'EST UN NOM JUIF !!
OUI, M'SIEUR CHÉKROUN IL EST ISRAÉLITE
OUILLOUILLOUILLE !!! MANQUAIT PLUS QUE ÇA ! LE SALE CROUILLAT PALESTINIEN QUI VIOLE LA PAUVRE EUROPÉENNE ET LE BEL ISRAÉLIEN QUI LA SAUVE ! C'EST ENTEBBÉ, SON TRUC ! GISÈLE NE MARCHERA JAMAIS
3

LES RÉACS VONT RETOURNER ÇA COMME UNE CHAUSSETTE! ÇA VA S'TERMINER PAR UN DÉFILÉ SUR LES CHAMPS!
ÇA DÉPEND D'L'ÉCLAIRAGE! ON PARLE D'LA MISÈRE SEXUELLE DES IMMIGRÉS CHEKROUN OU L'ÉCRIT CHERON!!!
C'EST DÉGUEULASSE! FAUT DIRE LES CHOSES COMME ELLES SONT SEULE LA VÉRITÉ EST RÉVOLUTIONNAIRE!
OUAIS, MAIS TOUT EST DANS LA FAÇON D'L'ACCOMODER... RELIS LÉNINE!
VOUS MANQUEZ COMPLÈTEMENT D'COURAGE POLITIK! FAUT OUVRIR UN DÉBAT AUTOUR D'CES THÈMES: LES IMMIGRÉS, LA CAUSE PALESTINIENNE, LA CAUSE DES FEMMES, LE VIOL!.. MONTRER QUE TOUT SE TIENT! QU'ON EST TOUS VICTIMES DU CAPITAL... QU'DANS CETTE SOCIÉTÉ POURRIE LES ARABES ET LES FEMMES C'EST LA MÊME CHOSE À LA LIMITE...
LI ARABES ET LI FEMMES C'EST PAS LA MÊME CHOSE! ZOBI!
J'VAIS L'AM'NER ICI, MON MOHAMED, TI VAS VOIR SI LI ARABES ÇI SONT DES FEMMES!
RACHIDA, T'AS MAL INTERPRÉTÉ LES PROPOS DE...
LI ARABES Y T'NIQUENT, CHARMOUTA!
BON. REVENONS À NOS MOUTONS!.. ALORS CE TRAVAILLEUR IMMIGRÉ QUI T'A ATTAQUÉE TU L'CONNAIS?
BEN, OUAIS, ON EST MONTÉ 2 OU 3 FOIS ENSEMBLE, QUOI... PIS LA DERNIÈRE FOIS CETTE SALOPE A PAS VOULU ME PAYER, ALORS...
ATTENDS, ATTENDS, EST-CE QUE J'COMPRENDS BIEN?.. TU... TU ES... UNE...
OUAIS, J'ME DÉFENDS, QUOI... J'MICHETONE UN PEU, QUOI...
MEEERDE! J'VOUS DIS QU'GISÈLE MARCHERA JAMAIS!
GISÈLE, GISÈLE!.. GISÈLE ELLE NOUS DOIT TOUT À NOUS, LES NANAS... LES NANAS QUI S'PROSTITUENT, QUI S'FONT AVORTER, VIOLER, TABASSER... POUR QUE TA GISÈLE FASSE DES EFFETS DE MANCHES DANS LES PRÉTOIRES. SON NOM ELLE SE L'EST FAIT AVEC NOS SOUFFRANCES!... C'QU'IL FAUT MONTRER C'EST QU'LA PROSTITUTION C'EST DU VIOL INSTITUTIONNALISÉ!
...FAUT MONTRER QU'LA PROSTITUÉE, C'EST L'SYMBOLE D'LA CONDITION FÉMININE DANS CETTE SOCIÉTÉ POURRIE!
OUAIS, VACH'MENT INTÉRESSANT! ON POURRAIT LANCER UN NOUVEAU SLOGAN M.L.F.: TOUTES LES FEMMES SONT DES PUTES
J'SAIS PAS SI ÇA S'RA PERÇU PAR LES MASSES!
PAR-DESSUS L'MARCHÉ, ELLE VOULAIT QU'JE LUI FILE DU FRIC, PARCEQU'EN M'DÉBATTANT JE LUI AI DÉCHIRÉ SA JUPE!
SA JUPE?.. C'EST UN ARABE OU UN ÉCOSSAIS, TON MEC?
4

NON, NON, C'EST UNE ARABE !
COMMENT UNE ARABE ?!
DIS-DONC, T'ES PAS EN TRAIN DE NOUS DIRE QU'T'AS ÉTÉ ATTAQUÉE PAR UNE FEMME ?!
BEN, OUI, C'T'UNE FEMME.. POURQUOI, J'VOUS L'AVAIS PAS DIT ?
NON, C'EST PAS VRAI !.. ELLE SE FOUT DE NOUS !
NON MAIS, VOYEZ L'MLF FAISANT UNE CAMPAGNE PARCE QU'UNE NANA A VIOLÉ UNE PROSTITUÉE ?!
ET ALORS ?! VOS RÉACTIONS SONT VACH'MENT RÉACS À LA LIMITE !!! FAUT AVOIR L'COURAGE D'ALLER JUSQU'AU BOUT D'NOS IDÉES ! MONTRER QU'LA NOTION D'VIOL DÉPASSE LE CADRE SEXISTE DES RAPPORTS NANA-MEC, QU'NOTRE COMBAT A UNE DIMENSION UNIVERSELLE !
OUAIS, VACH'MENT INTÉRESSANT, OUAIS !
EH, HO, C'EST TROP FACILE D'SALIR UNE NANA SUR DES ON-DIT !.. ET SI ÇA S'TROUVE C'EST TOI QUI L'AS PROVOQUÉE, HEIN ! SUFFIT D'VOIR TES FRINGUES, D'AILLEURS !.. ET T'AS DES PREUVES QU'T'AS SUBI DES VIOLENCES SEXUELLES ? Y A DES TRACES, HEIN, HEIN ?
UN PEU, QU'J'EN AI DES TRACES, CERTIFICAT MÉDICAL ET TOUT !.. ELLE M'A FOUTU UN COUP DE PIED DANS LES COUILLES ! C'EST PAS UNE VIOLENCE SEXUELLE, ÇA ?
DANS QUOI ?
BEN, HEU... DANS LES PARTIES, QUOI...
C'T'UN MEC !!!
DANS... BEN VOYONS ! T'ES, T'ES UN TRAVELO ! C'EST ÇA
UN MEC ?!!
Y S'FOUT DE NOUS ! J'VAIS LUI FAIRE UNE GROSSE TÊTE À C'T'ENCOUILLÉ !
C'T'UN GAG !
J'SUIS PLUS FEMME QUE VOUS, MOI ! MA FÉMINITUDE, J'L'AI CHOISIE !.. ALORS J'SERAIS PAS UNE FEMME PARCEQUE JE N'AI PAS EU LA CHANCE D'NAÎTRE AVEC UN VAGIN ?!.. ET VOUS VOUS DITES DE GAUCHE ! Z'ÊTES QUE DES NANTIES DU SEXE ! VOUS PARLEZ DES IMMIGRÉS ?!...
...EH BIEN, NOUS, LES TRAVLOS, LES TRANS-SEXUELS, ON EST LES IMMIGRÉS D'LA SEXUALITÉ !
ELLE A RAISON ! FAUT ÉLARGIR NOT'COMBAT À TOUS CEUX QUI SONT RÉDUITS À LA CONDITION D'OBJET ÉROTIQUE, QUEL QUE SOIT LEUR SEXE !
OUAIS, POURQUOI S'LIMITER À L'ESPÈCE ?!. LES CHIENS-CHIENS AUSSI SONT PARFOIS TRAITÉS EN OBJETS SEXUELS !
OUAIS, VACH'MENT INTÉRESSANT !.. ON POURRAIT ARTICULER ÇA AVEC LA PROTECTION DES ANIMAUX !.. ÇA DONNERAIT UN CHOUET' SLOGAN : " MLF-SPA... MÊME COMBAT !"

tempête dans une bédé

LE 3 JUILLET 1976 J'ME POINTE À LA RÉ-DACTION D'"TROUDUC", 138 BOULEVARD SÉBASTOPOL À PARIS.
J'DEMANDE À VOIR L'DESSINA-TEUR PLOUT, DIRECTEUR D'LA PUBLI-CATION POUR LUI SOUMETTRE UNE BANDE DESSINÉE DONT J'SUIS L'AUTEUR...
...LA SECRÉTAIRE ME DIT: MONSIEUR PLOUT N'REÇOIT PAS LES DESSINA-TEURS. LAISSEZ VOTRE DOSSIER. ON VOUS ÉCRIRA... MÔSSIEUR PLOUT!..
MÔSSIEUR PLOUT!!!
J'AI VOULU VOIR JUSQU'OÙ ILS IRAIENT J'AI LAISSÉ MA BD... 1 MOIS PLUS TARD, ILS M'LA RENVOIENT AVEC DANS LA MARGE, AU CRAYON: REFUSÉ!!!
LES SALAUDS!
...J'FONCE À LA RÉDACTION D'"TROUDUC", J'BOUSCULE LA SECRÉTAIRE ET UN COURSIER QUI ARRIVAIT D'L'IM-PRIMERIE ET J'COINCE PLOUT DANS SON BUREAU...
J'EXIGE DES EXPLICATIONS!!!
...AH, AH, VACH'MENT EMMERDÉ, L'MEC! AUSSI SEC Y M'SORT TOUS LES VIEUX PONCIFS RÉACS...
C'EST INTÉRESSANT, OUAIS, MAIS DANS TON PROPRE INTÉRÊT, J'CROIS QU'IL FAUDRAIT QU'TU TRAVAILLES ENCORE TON DESSIN, HEUU...
...BIEN SÛR AUCUNE ALLUSION AU CONTENU RÉVOLUTION-NAIRE D'MON TRUC; CRITIQUE D'CETTE SOCIÉTÉ POURRIE, ÉCOLOGIE, DANGER NUCLÉAIRE ETC...
LE SCÉNARIO EST PAS MAL, UN PEU TROP AUTOBIOGRAPHIQUE PEUT-ÊTRE... REMARQUE C'EST NORMAL, AU DÉBUT, HEIN... MAIS C'EST PAS SÛR QU'TES PROBLÈMES SEXUELS ET AUTRES INTÉRESSENT LE LEC-TEUR...
2

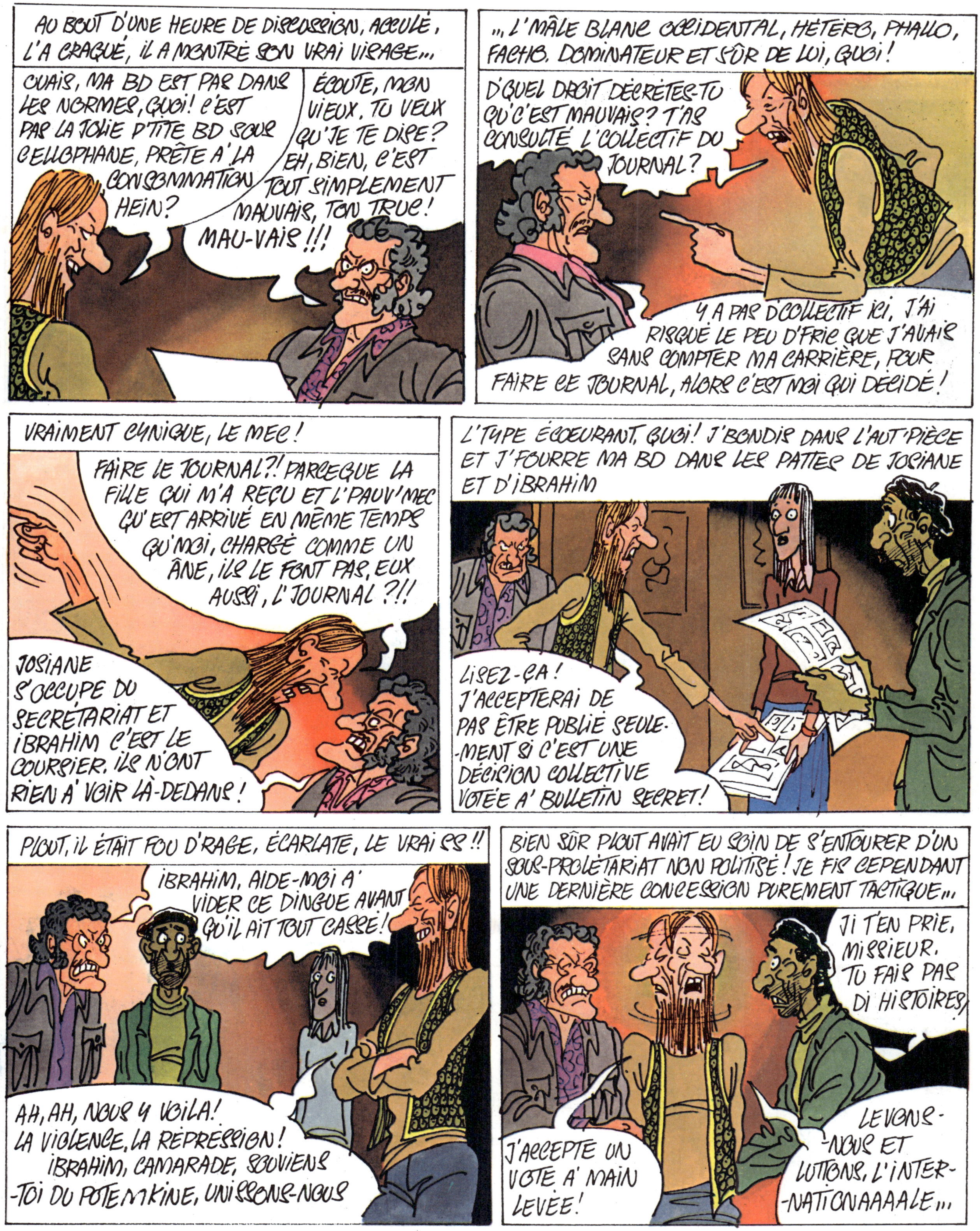

AU BOUT D'UNE HEURE DE DISCUSSION, ACCULÉ, L'A CRAQUÉ, IL A MONTRÉ SON VRAI VISAGE...
OUAIS, MA BD EST PAS DANS LES NORMES, QUOI! C'EST PAS LA JOLIE P'TITE BD SOUS CELLOPHANE, PRÊTE À LA CONSOMMATION HEIN?
ÉCOUTE, MON VIEUX. TU VEUX QU'JE TE DISE? EH, BIEN, C'EST TOUT SIMPLEMENT MAUVAIS, TON TRUC! MAU-VAIS!!!
... L'MÂLE BLANC OCCIDENTAL, HÉTÉRO, PHALLO, FACHO, DOMINATEUR ET SÛR DE LUI, QUOI!
D'QUEL DROIT DÉCRÈTES-TU QU'C'EST MAUVAIS? T'AS CONSULTÉ L'COLLECTIF DU JOURNAL?
Y A PAS D'COLLECTIF ICI, J'AI RISQUÉ LE PEU D'FRIC QUE J'AVAIS SANS COMPTER MA CARRIÈRE, POUR FAIRE CE JOURNAL, ALORS C'EST MOI QUI DÉCIDE!
VRAIMENT CYNIQUE, LE MEC!
FAIRE LE JOURNAL?! PARCEQUE LA FILLE QUI M'A REÇU ET L'PAUV'MEC QU'EST ARRIVÉ EN MÊME TEMPS QU'MOI, CHARGÉ COMME UN ÂNE, ILS LE FONT PAS, EUX AUSSI, L'JOURNAL?!!
JOSIANE S'OCCUPE DU SECRÉTARIAT ET IBRAHIM C'EST LE COURSIER. ILS N'ONT RIEN À VOIR LÀ-DEDANS!
L'TYPE ÉCOEURANT, QUOI! J'BONDIS DANS L'AUT'PIÈCE ET J'FOURRE MA BD DANS LES PATTES DE JOSIANE ET D'IBRAHIM
LISEZ-ÇA! J'ACCEPTERAI DE PAS ÊTRE PUBLIÉ SEULE-MENT SI C'EST UNE DÉCISION COLLECTIVE VOTÉE À BULLETIN SECRET!
PLOUT, IL ÉTAIT FOU D'RAGE, ÉCARLATE, LE VRAI SS!!
IBRAHIM, AIDE-MOI À VIDER CE DINGUE AVANT QU'IL AIT TOUT CASSÉ!
AH, AH, NOUS Y VOILA! LA VIOLENCE, LA RÉPRESSION! IBRAHIM, CAMARADE, SOUVIENS-TOI DU POTEMKINE, UNISSONS-NOUS
BIEN SÛR PLOUT AVAIT EU SOIN DE S'ENTOURER D'UN SOUS-PROLÉTARIAT NON POLITISÉ! JE FIS CEPENDANT UNE DERNIÈRE CONCESSION PUREMENT TACTIQUE...
JI T'EN PRIE, MISSIEUR. TU FAIS PAS DI HISTOIRES!
J'ACCEPTE UN VOTE À MAIN LEVÉE!
LEVONS-NOUS ET LUTTONS, L'INTER-NATIONAAAALE...

LÀ-DESSUS ARRIVENT DES DESSINATEURS ET PARMI EUX: SEXUS ET OEUDÈME, 2 REVOLTÉS, 2 PARIAS D'LA B.D. COMME MOI...
...J'EN PROFITE POUR REPRENDRE L'OFFENSIVE. NOUS ÉTIONS MINORITAIRES, MAIS LÉNINE AUSSI, ENFIN
NOUS EXIGEONS DE CONTRÔLER TA COMPTABILITÉ... TU N'AS AUCUNE RAISON DE T'Y OPPOSER SI TU N'AS RIEN À CACHER!
ON AVAIT DÛ LEVER UN SACRÉ LIÈVRE PARC'QUE LE PLOUT, ÇA L'REND HYSTÉRIQUE!.. ET C'EST LA BAGARRE! UN MEC QU'PERSONNE CONNAISSAIT...
RATÉ
...EN PREND PLEIN LA GUEULE... C'ÉTAIT UN VOISIN VENU S'PLAINDRE DU VACARME...
DIS, MISSIEUR, TI VAS PAS FAIRE DI HISTOIRES, HEIN?
LE SALAUD TÉLÉPHONE AUX FLICS. LA CONCIERGE QU'ÉTAIT AU COURANT DE RIEN LES ENVOIE VERS UN' CHAMBRE...
ÇA DOIT ÊTRE ENCORE LES ARABES DU SEPTIÈME, C'TTE VERMINE!..
ON VA S'EN OCCUPER, Z'EN FAITES PAS!
...DE BONNE OCCUPÉE PAR DES IMMIGRÉS. COMME ILS ÉTAIENT 15, ILS FAISAIENT LES 3 HUIT. LES FLICS TOMBÈRENT SUR L'ÉQUIPE DE JOUR
ALORS C'EST FINI CETTE BAMBOULA?! OUVREZ!!!
BANG BANG
4
ON VA VOUS CALMER Z'ALLEZ VOIR!!

CROYANT À UNE EXPULSION, LES TRA-VAILLEURS NORD-AFRICAINS RÉSISTENT ET AMEUTENT LE QUARTIER. DES COMPATRIOTES - Y EN A PLEIN DANS L'COIN - RAPPLIQUENT EN MONTANT Y Z'APERÇOIVENT IBRAHIM, ILS PENSENT QU'C'EST LUI QU'A APPELÉ À L'AIDE. ILS ENVAHISSENT LA RÉDACTION, VACH'MENT MENAÇANTS ET TOUT. PLOUT, ÉCOEU-RÉ FOUT LE CAMP...
...J'RÉUNIS TOUT L'MONDE EN ASSEMBLÉE GÉNÉRALE ET JE PROPOSE POUR ALERTER L'OPINION PUBLIQUE QU'IBRAHIM ENTAME UNE GRÈVE D'LA FAIM. PROPOSITION VOTÉE À L'UNANIMITÉ MOINS UNE VOIX!
MOI JI VEUX BIEN ALIRTER LI OPINION PIBLIQUE MAIS TI MI PROMETS QUI PERSONNE, IL LI SAURA! JI VEUX PAS D'HISTOIRES!!
MAIS V'LÀ LES FLICS QUI REDESCENDENT DU SEPTIÈME...
EH, LES GARS, LA FIESTA CONTINUE, ON DIRAIT!
...ET LA RATONADE REPREND DANS LES LOCAUX D'TROUDUC
OEUDÈME, SEXUS ET MOI, ON S'RÉFUGIE DANS L'BUREAU DE PLOUT. L'OPÉRATION "TROUDUC" SEMBLE VACH'MENT COMPROMISE. Y A QU'UN GRAND GESTE DE DÉSESPOIR QUI POUVAIT R'LANCER L'ACTION!.. AUSSI SEC JE PROPOSE À OEUDÈME D'SE FAIRE BRÛLER VIF..
BANG
FAUT AGIR À CHAUD! TU SERAS LE JEAN PALLACH D'LA B.D.! ET DU POINT D'VUE PROMOTION, À TITRE POSTHUME, AVEC UNE BONNE ATTACHÉE D'PRESSE!..
...MAIS OEUDÈME S'MIT À TERGIVERSER, À PINAILLER... C'EST TOUJOURS LA MÊME CHOSE AVEC CES RÉVOLUTIONNAIRES DU "ROSEBUD" ET AUTRES LIEUX, QUAND IL S'AGIT D'PASSER À L'ACTION...
BON, BEN ON VA FAIRE BRÛLER TA DERNIÈRE B.D. À TITRE SYMBOLIQUE!

BON, BEN, SANS L'FAIRE EXPRÈS, ON A FOUTU L'FEU À LA BARAQUE. LES FLICS ONT ENFONCÉ LA PORTE ET TOUT... ET PENDANT QU'ON S'DÉBATTAIT AU MILIEU DES FLAMMES, QU'ON SE FAISAIT TABASSER PAR LES FLICS MÔSSIEUR PLOUT, HOMME DE GÔCHE, SIROTAIT UN DEMI À LA TERRASSE D'UN CAFÉ, PEINARD!...
PLOUT, FAIS PAS L'CON!!!
MAIS QU'EST-CE QUI LUI PREND, IL EST FOU OU QUOI?
J'VAIS LUI FAIRE LA PEAU!!!
VOUS ÊTES TÉMOIN D'L'AGRESSION FASCISTE DONT J'SUIS VICTIME UNE FOIS D'PLUS!
ÉCOUTE, VRAIMENT, TU VAS PAS M'DIRE QU'ILS L'FONT PAS EXPRÈS! REGARDE COMMENT ILS PRÉSENTENT L'TRUC D'HIER AU THÉÂTRE MUNICIPAL
Y EN A QU'POUR PLOUT, PHOTO ET TOUT... MOI J'SUIS "UN JEUNE CONTESTATAIRE CHEVELU"! NI MON NOM, NI QU'JE FAIS D'LA B.D., RIEN! ET EN PLUS CE SALAUD S'FAIT D'LA PROMOTION SUR MON DOS!!!
LE DESSINATEUR PLOUT (CRÉATEUR DU CÉLÈBRE BIGOBITT) BLESSÉ AU THÉÂTRE MUNICIPAL

PRÉVENEZ VOS SUPÉRIEURS, CAMA-RADE!.. LA BOURDE QU'ILS VIENNENT DE COMMETTRE RISQUE DE FAIRE DU BRUIT!
HÉ, HÉ, LES GARS, ON A DU BEAU MONDE! IL EST CHOUETTE TON JEAN, PETIT FRÈRE! TU L'AS ACHETÉ DANS UNE BERIOZKA*, HEIN?! ÇA DOIT COÛTER UN PAQUET!
MAIS NON, CAMA-DE, JE L'AI ACHETÉ À PARIS. C'EST TRÈS BON MARCHÉ!
*MAGASIN RÉSERVÉ EXCLUSIVEMENT À L'ÉLITE SOVIÉTIQUE
ARIS! HÉ, HÉ! CETTE PETITE ME VA ACHETER SES JEANS PARIS!.. MAIS C'EST UN EMBRE DE LA NOMENKLA-URA* QUE NOUS AVONS UCHÉ, LES GARS!
TU N'Y ES PAS DU TOUT! JE PARLE RUSSE, JE SUIS RUSSE D'ORIGINE MAIS FRANÇAIS DE NATIONALITÉ, NÉ À PARIS...
STE SECRÈTE DES MEMBRES DU PARTI OCCUPANT DES POSTES ÉS À TOUS LES NIVEAUX. DU VILLAGE JUSQU'AU KREMLIN
DOUCHKA, ALORS COMME ÇA, TU ES VENU RESPIRER L'AIR DE NOTRE PETITE MÈRE LA RUSSIE, À LA LOUBIAN-KA*! TU AVAIS LA NOS-TALGIE?!
CE N'EST PAS TOUT À FAIT ÇA... NON, JE SUIS VENU FAIRE LA CONNAIS-SANCE D'UN COUSIN DONT J'AI RE-TROUVÉ LA TRACE PAR HASARD
*CÉLÈBRE PRISON MOSCOVITE
VOIS, LORSQUE MON GRAND-PÈRE ÉMIGRÉ, LE FRÈRE AÎNÉ DE MON ÈRE EST RESTÉ EN UNION SO-ÉTIQUE... C'EST SON FILS, ON COUSIN QUE...
JEUNE HOMME, TENEZ VOTRE LANGUE, CET HOMME EST UN VOYOU! LA PLUPART DES VOYOUS SONT DES IN-DICATEURS...
VOYONS, JE VOUS EN PRIE, CET HOMME EST ÂGÉ, ARRÊTEZ!
ATTENDS UN PEU QU'JE TE RETROUVE DANS UN CAMP, SALE YOUPIN! J'TE F'RAI MANGER D'LA MERDE ET TU ME DIRAS MERCI!

JE N'AI RIEN À CACHER, VOUS SAVEZ. JE SUIS ICI À LA SUITE D'UN INCROYABLE MALENTENDU.
OUI, J'ÉTAIS À VARSOVIE POUR UN CONGRÈS. J'EN AI PROFITÉ POUR FAIRE UN SAUT À MOSCOU ET CONNAÎTRE ENFIN MON COUSIN. JE DEVAIS PRENDRE L'AVION POUR PARIS, CE MATIN...
NOUS AVONS FÊTÉ MON DÉPART CHEZ LUI. J'AI UN PEU TROP FORCÉ SUR LA VODKA ET... APRÈS LE DINER JE ME SUIS ENDORMI COMME UNE MASSE
LORSQUE JE ME SUIS RÉVEILLÉ À L'AUBE, L'APPA-TEMENT GROUILLAIT D'HOMMES DU KGB. J'AI ÉTÉ EM-BARQUÉ MALGRÉ MES PROTESTATIONS, SANS MÊME AVOIR REVU MON COUSIN NI SA FEMME
J'IMAGINE QUE C'EST LUI QU'ILS VENAIENT ARRÊ-TER ET QU'ILS M'ONT PRIS POUR LUI.
ILS Y ONT MIS LE TEMPS MAIS ENFIN ÇA Y EST. ILS VONT SANS DOUTE ME LIBÉRER! ADIEU, CAMARADE. HEU, EST-CE QUE JE PEUX FAIRE QUELQUE CHOSE POUR VOUS, HEU...
MAIS NON, TOUT VA BIEN, ADIEU, ADIEU...
ASSEYEZ-VOUS, VICTOR ALEXANDRO-VITCH...
VOUS COMMETTEZ UNE PETITE ERREUR, CAMARA-DE. JE NE SUIS PAS VICTOR ALEXANDROVITCH MAIS VICTOR DIMITRIEVITCH MALOUNIAN...
VOUS N'ÊTES PAS VICTOR ALEXANDROVITCH, COMME C'EST INTÉRESSANT! VOULEZ-VOUS M'EX-PLIQUER ÇA, CAMARA-DE?
BIEN SÛR! VICTOR ALEXANDRO-VITCH MALOUNIAN EST MON COUSIN. LE FILS DE MON ONCLE ALEXANDRE QUI EST RESTÉ EN UNION SOVIÉTIQUE ALORS QUE MON PÈRE, DIMI-TRI MALOUNIAN A ÉMIGRÉ EN FRANCE AVEC MES GRANDS-PARENTS EN 1927
ON NOUS A DONNÉ À MON COUSIN ET À MOI LE PRÉNOM DE NOTRE GRAND-PÈRE, VICTOR MA-LOUNIAN, QUE SES 2 FILS ADORAIENT. VOILÀ. JE M'APPELLE VICTOR MALOUNIAN MAIS JE SUIS NÉ À PARIS, DE NATIONALITÉ FRANÇAISE. ET TOUT ÇA EST UN REGRETTABLE MALENTENDU
ET BIEN SÛR, VOUS AVEZ VOS PAPIERS, VOTRE PASSEPORT ETC...

EH BIEN, JUSTEMENT, JE L'AI DIT À VOS AGENTS... LORSQUE JE ME SUIS RÉVEILLÉ CHEZ MON COUSIN, JE... JE NE LES AVAIS PLUS SUR MOI. JE NE COMPRENDS PAS OÙ ILS SONT PASSÉS.
MAIS IL EST FACILE DE VÉRIFIER MES DIRES AUPRÈS DE MON CONSULAT...
BIEN SÛR, VICTOR ALEXANDROVITCH, BIEN SÛR...
DIMITRIEVITCH, CAMARADE, DIMITRIEVITCH... J'AJOUTE QUE, QUOIQUE FILS D'ÉMIGRÉ, JE SUIS MEMBRE DU PARTI.
JE SIGNE D'AILLEURS LA CHRONIQUE GASTRONOMIQUE DE "L'HUMANITÉ DIMANCHE".
JE SERAI DONC TRÈS DISCRET SUR CE PETIT INCIDENT...
NOUS AURONS L'OCCASION DE REVENIR SUR VOS OPINIONS POLITIQUES, VICTOR ALEXANDROVITCH. CECI N'EST QU'UN PREMIER CONTACT... POUR FAIRE CONNAISSANCE.
COMMENT, UN PREMIER CONTACT !
VOUS PLAISANTEZ ! IL FAUT QUE JE RENTRE IMMÉDIATEMENT À PARIS ! JE VOUS SOMME DE ME LIBÉRER ! VOUS ENTENDEZ.
CALMEZ-VOUS, VICTOR ALEXANDROVITCH !
...HISTOIRE DE FOUS ! MANIFESTEMENT ILS M'ONT ARRÊTÉ À LA PLACE DE MON COUSIN ! QUEL FOUTOIR ! LE KGB,
AH, IL EST BEAU TIENS !
J'AVAIS UN AMI, UNE VIEILLE FRIPOUILLE 10 FOIS ASSASSIN, LE NKVD L'AVAIS CONFONDU AVEC UN HÉROS D'LA RÉVOLUTION, UN ANCIEN DU "POTEMKINE" ET TOUT !..
BEN, LUI AU MOINS AVAIT PAS DE RAISONS DE SE PLAINDRE !
SOUS STALINE ? TU PARLES ! P'TIT PÈRE, Y GUEULAIT AU COMMISSAIRE QUI L'EMMENAIT POUR L'EXÉCUTER. J'SUIS INNOCENT, J'AI JAMAIS MIS LES PIEDS SUR L'"POTEMKINE", MOI, J'SUIS UN VOLEUR, UN ASSASSIN, MOI. J'SUIS INNOCENT ! J'AI MÊME JAMAIS ÉTÉ INSCRIT AU PARTI, MOI, J'SUIS INNOCENT !
TRÈS DRÔLE !
BON, ILS VONT BIEN FINIR PAR SE RENDRE COMPTE DE LEUR MÉPRISE, MAIS COMBIEN DE TEMPS ÇA VA LEUR PRENDRE C'EST ÇA !
ET MOI J'AI DES TAS DE CHOSES À FAIRE À PARIS ! QUAND JE PENSE À LA RÉPUTATION D'EFFICACITÉ DU KGB ! QUELLE DÉRISION !
3

EH BIEN, CAMARADE, CE QUE VOUS DISIEZ EST EXACT UN CERTAIN VICTOR MALOUNIAN DE NATIONALITÉ FRANÇAISE EST ARRIVÉ À MOSCOU LE 22...
...IL EST DESCENDU À L'HÔTEL LÉNINE, OÙ IL EST RESTÉ 2 JOURS
... IL A QUITTÉ MOSCOU LE 24 À 6H30 PAR LE VOL 904 DE L'AÉROFLOT...
MAIS, MAIS, CE N'EST PAS POSSIBLE! LE 24 J'ÉTAIS ICI! C'EST INVRAISEMBLABLE! IL Y A CERTAINEMENT UNE EXPLICATION!
JE NE VOUS LE FAIS PAS DIRE! PEUT-ÊTRE QUE NATACHA EKATERINOVNA NOUS AIDERA À LA TROUVER.
MAIS OUI BIEN SÛR, NATACHA EKATERINOVNA, LA FEMME DE MON COUSIN, OUI, OUI!!!
FAITES ENTRER NATACHA EKATERINOVNA...
NATACHA!
CHÉRI, CHÉRI!
VOYONS, NATACHA EKATERINOVNA, MAIS ENFIN. JE, JE NE COMPRENDS PAS!
QU'EST-CE QUE VOUS AVEZ FAIT À MON MARI! IL N'EST PAS DANS SON ÉTAT NORMAL! VOUS L'AVEZ DROGUÉ!!!
NATACHA, JE VOUS EN SUPPLIE

JE NE COMPRENDS PAS VOTRE SYSTÈME DE DÉFENSE, VICTOR ALEXANDROVITCH, VOUS N'ESPÉRIEZ TOUT DE MÊME PAS NOUS CONVAINCRE ?! VOUS CHERCHEZ QUOI ? À GAGNER DU TEMPS ?
JE DEVIENS FOU !
JE NE SUIS PAS VICTOR ALEXANDROVITCH !! JE SUIS VICTOR MALOUNIAN. JE VEUX DIRE VICTOR ALEXAN-DRO... JE VEUX DIRE DIMITRI-ÉVITCH... JE, JE, JE SUIS MOI, MOI !
JE COMMENCE À COMPRENDRE. MON COUSIN ET MOI, NOUS NOUS RES-SEMBLONS. IL A DÛ ME FAIRE ABSORBER UN SOMNIFÈRE. IL M'A PIQUÉ MES PAPIERS ET IL A PRIS L'AVION POUR PARIS À MA PLACE !
DIS-DONC TU VAS NOUS LAISSER ROUPIL-LER, OUI ?
... ET SA FEMME EST DANS LE COUP !
ET ELLE A TOUT INTÉRÊT À CE QUE VOUS SOYEZ VICTOR ALEXANDROVITCH. VOTRE COUSIN N'A PU MANIGANCER TOUT ÇA QU'AVEC SA COMPLICITÉ ET ELLE RISQUE DE PAYER POUR LUI !
LE HASARD A VOULU QU'ON VIENNE ARRÊTER MON COUSIN JUSTEMENT CE MATIN-LÀ !
CE COMMISSAIRE N'EST PAS UN IMBÉ-CILE ! IL DOIT BIEN SENTIR QUE JE SUIS SINCÈRE ! CES GENS-LÀ ONT UN FLAIR !
C'EST BIEN CE QUI M'INQUIÈTE POUR VOUS !
COMMENT ÇA ?
RÉFLÉCHISSEZ !.. ILS ONT COMMIS UNE ÉNORME BOURDE : EM-PRISONNER PAR ERREUR UN MEMBRE D'UN PARTI FRÈRE ET LAISSER ÉCHAPPER UN OPPOSANT !
...ILS RISQUENT LEUR CARRIÈRE ET PEUT-ÊTRE LEUR LIBERTÉ DANS CETTE HISTOI-RE. COMME L'ÉPOUSE DE VOTRE COU-SIN, ILS ONT TOUT INTÉRÊT À CE QUE VOUS SOYEZ VICTOR ALEXANDROVITCH !

MAIS JE NE SUIS PAS SEUL, MA FAMILLE, MES AMIS, LES CAMARADES, VONT S'INQUIÉTER DE MA DISPARITION ! ILS VONT DEMANDER DES EXPLICATIONS AU GOUVERNEMENT SOVIÉTIQUE !
AH, VICTOR ALEXANDROVITCH, JE SUIS HEUREUX DE VOUS VOIR PLUS CALME ! VOTRE, HEU... NERVOSITÉ COMMENÇAIT À ME PARAÎTRE... ANORMALE.
JOUONS CARTES SUR TABLE, COMMISSAIRE. TÔT OU TARD LE GOUVERNEMENT FRANÇAIS VA VOUS DEMANDER DES COMPTES À MON SUJET !
CETTE BAVURE VOUS MET DANS UNE POSITION DÉLICATE... SI NOUS ÉTUDIONS ENSEMBLE UNE SOLUTION QUI VOUS ÉVITE DE PERDRE LA FACE...
VOYONS, CAMARADE, JE SUIS DES VÔTRES ! MON ESSAI : "POUR UNE CUISINE AUTHENTIQUEMENT PROLÉTARIENNE" TÉMOIGNE DE MON ORTHODOXIE. JE COMPRENDS QUE LES ATTAQUES DE L'IMPÉRIALISME VOUS OBLIGENT À UNE EXTRÊME VIGILANCE... LES LIBERTÉS FORMELLES SONT UN LUXE BOURGEOIS QUI...
SOIT, JOUONS CARTES SUR TABLE ! QUI VOUS A MIS AU COURANT, QUI ?
AU COURANT DE QUOI ?
DE LA MORT DE VOTRE COUSIN VICTOR DIMITRIEVITCH MALOUNIAN !
BANG
VOICI LE NUMÉRO DE "L'HUMANITÉ" QUI ANNONCE SA MORT.
L'ACCIDENT A EU LIEU APRÈS VOTRE ARRESTATION. QUI VOUS L'A APPRIS, QUI ?
UN AVION DE L'AÉROFLOT S'ECR
SUR L'AÉROPORT DE BUDAPES
NOTRE COLLABORATEUR VICTOR MALOUNIAN PARMI LES VICTIMES
C'EST LA MORT DE VOTRE COUSIN QUI VOUS A DONNÉ L'IDÉE FOLLE DE VOUS FAIRE PASSER POUR LUI ?
VOYONS, VOUS NOUS PRENEZ POUR DES ENFANTS. BIEN, VICTOR ALEXANDROVITCH, SI NOUS EXAMINIONS UN PEU LES CHARGES RETENUES CONTRE VOUS ?
LES CHARGES !
6

AH MAIS JE COMPRENDS TOUT! MON COUSIN DISPARU, IL VOUS SUFFIT DE M'ESCAMOTER POUR SUPPRIMER TOUTE TRACE DE VOTRE ERREUR. MAIS JE NE ME LAISSERAI PAS FAIRE!
VOUS ÊTES FOU, VICTOR ALEXANDROVITCH!
DE TOUS TEMPS, DANS CE MALHEUREUX PAYS, SEULES ONT COMPTÉ LES APPARENCES POUR LES GENS AU POUVOIR!.. SOUVENEZ-VOUS DES "ÂMES MORTES"!.. SI VOUS ÊTES VICTOR ALEXANDROVITCH, LES APPARENCES SONT SAUVES POUR LE KGB, LE PARTI, LE GOUVERNEMENT SOVIÉTIQUE, L'ÉPOUSE DE VOTRE COUSIN...
VOTRE SEULE CHANCE DE SALUT C'EST DONC DE LES CONVAINCRE QUE VOUS ÊTES RÉELLEMENT VICTOR ALEXANDROVITCH! SINON ILS VOUS SUPPRIMERONT. LE POUVOIR SOVIÉTIQUE IGNORE LES SCRUPULES MORAUX, CAMARADE!
OUVREZ, OUVREZ! JE SUIS FRANÇAIS, VOUS ENTENDEZ, FRANÇAIS! J'HABITE LE 20° ARRONDISSEMENT. JE SUIS INSCRIT À LA SÉCURITÉ SOCIALE!!!
RÉFLÉCHISSEZ, CAMARADE, QU'ESTCE QUE VOUS RISQUEZ? QUELQUES ANNÉES DE CAMP! VOUS ÊTES JEUNE...
VICTOR ALEXANDROVITCH
DIMITRIEVITCH, VICTOR DIMITRIEVITCH!
VOUS NOUS FAITES FAIRE BEAUCOUP DE SOUCIS! NOUS SOMMES ARRIVÉS À LA CONCLUSION QUE VOUS VOUS PRENEZ RÉELLEMENT POUR VOTRE COUSIN VICTOR DIMITRIEVITCH...
LES RAPPORTS DE VOTRE COMPAGNON DE CELLULE ET CONFIDENT: IGOR IVANOVITCH BRONSTEIN NOUS ONT CONVAINCU!
IGOR!.. UN... UN MOUCHARD!
IL FAUT LE COMPRENDRE, IL A BEAUCOUP À SE FAIRE PARDONNER! IGOR IVANOVITCH EST UN AGENT SIONISTE
7

ET PUIS LE SORT DE SON FILS, ÉGALEMENT ENTRE NOS MAINS, LE PRÉOCCUPE BEAUCOUP...
BON, LE DOCTEUR KARTOF VA VOUS POSER QUELQUES QUESTIONS, VICTOR ALEXANDROVITCH... LE DOCTEUR KARTOF EST UN ÉMINENT PSYCHIATRE QUI...
AH, VOILÀ LA SOLUTION QUE VOUS AVEZ TROUVÉ! M'ESCAMOTER DANS UN ASILE PSYCHIATRIQUE!
SALAUD, SALAUD!!! JE SUIS FRANÇAIS, JE SUIS FRANÇAIS!!! JE VEUX MON CONSUL!
LÂCHEZ-MOI, PAUVRE FOU!
SALE MOUCHARD!
ON VOUS A MIS AU COURANT, JE VOIS! VOUS SEMBLEZ SURPRIS. NE ME DITES PAS QUE VOUS IGNORIEZ QUE CE RÉGIME A INSTITUTIONNALISÉ LA DÉLATION!.. MES RAPPORTS À VOTRE SUJET VONT PEUT-ÊTRE...
SOULAGER LES SOUFFRANCES DE MON FILS QUI SE MEURT LENTEMENT DANS UN DE LEURS HÔPITAUX PSYCHIATRIQUES.
ET PUIS JE TROUVE SATISFAISANT POUR L'ESPRIT...
...QU'UN HOMME COMME VOUS, MEMBRE DU PARTI, QUI, À L'ABRI DES LIBERTÉS BOURGEOISES, CAUTIONNEZ CE RÉGIME, VIENNE EN GOÛTER UN PEU LES FRUITS...
SALAUD!!!
ALLONS, RETOURNEZ-MOI CE BEAU GARÇON SUR LE VENTRE ET ENLEVEZ-LUI SON PANTALON QUE JE VOIS UN PEU SES FESSES...
NON, NON, UN DÉLIRE DE PERSÉCUTION ASSEZ BANAL...
8

quand les cocktails molotov sont éteints

LA MESQUINERIE DES FEMMES!!! TU PEUX PAS COMPRENDRE CE QU'IL Y AVAIT ENTRE PAUL, JEAN-LOUIS ET MOI... ON SE SERAIT FAIT TUER LES UNS POUR LES AUTRES! ON ÉTAIT PUR, ON SE BATTAIT POUR UN IDÉAL. ÇA T'ÉCHAPPE, ÇA, HEIN!
DRING
LES VOILÀ!
JEAN-LOUIS!
AH, DIS-DONC, CET APPARTEMENT, CE MEC! J'SENS QU'ÇA VA ÊTRE L'ANGOISSE!
OUAIS, JE SAIS... MAIS JE POUVAIS PAS REFUSER SON INVITATION... ON BOUFFE ET ON S'TIRE LE PLUS VITE POSSIBLE, D'ACCORD?
JEAN-LOUIS, MON VIEUX! MERDE, C'QUE JE SUIS CONTENT!!!
QUELLE COÏNCIDENCE, HEIN! J'VAIS ÉCOUTER MARVIN GAYE, J'TOMBE SUR PAUL!..
...3 JOURS APRÈS JE TE RENCONTRE CHEZ NEKO!.. DIS-DONC ÇA MARCHE DRÔLEMENT POUR TOI! TOUT LE MONDE PARLE DE TON BOUQUIN... POIVRON-TOMAT ÉTAIT LYRIQUE DANS LE "MONDE"!
BERTRAND POIVRON-TOMAT, CE CON!
C'EST PAS MAL C'QUE FAIT NEKO, NON? MOI, ÇA M'ÉCHAPPE UN PEU NOTE BIEN MAIS C'EST DANS L'COUP...
NEKO? TU RIGOLES! C'EST BIDON! SUR LA CÔTE OUEST SON TRUC, C'ÉTAIT DÉJÀ COMPLÈTEMENT DÉPASSÉ IL Y A CINQ ANS!
REMARQUE, C'EST DÉCORATIF... ZOOM LUI A CONSACRÉ 5 PAGES LE MOIS DERNIER
C'EST PARCE QU'IL EST JAPONAIS. ÇA IMPRESSIONNE...
ON ESSAIE DE RESTER DANS L'COUP TU VOIS MAIS C'EST PAS FACILE AVEC LA VIE D'FOUS QU'ON MÈNE!.. TOI BIEN SÛR C'EST DIFFÉRENT...
AU FAIT QU'EST-CE QUE TU FAIS, MON PAUV' VIEUX?..
BEN, ON S'DÉBROUILLE, QUOI... EN 69 J'SUIS RENTRÉ À PUBLICIS. APRÈS MON MARIAGE J'AI FONDÉ MA PROPRE AGENCE. ON A BEAUCOUP TRAVAILLÉ MAIS ÇA MARCHE PAS TROP MAL. 17 MILLIARDS D'CHIFFRE D'AFFAIRES CETTE ANNÉE.
POURQUOI T'AS PAS CHERCHÉ UN JOB INTÉRESSANT? J'ME SOUVIENS TU VOULAIS ÉCRIRE... T'AVAIS DES IDÉES...
2

BIEN SÛR, C'EST PAS COMPARABLE À TON SUCCÈS, HEIN, MAIS, DANS LA PUB, J'SUIS CONSIDÉRÉ COMME UN MEC QU'A RÉUSSI, TU SAIS...
ÇA A L'AIR CON MAIS 17 MILLIARDS D'ANCIENS FRANCS D'BUDGET FAUT LES FAIRE !..
REMARQUE, J'AI PAS RENONCÉ À ÉCRIRE... J'ACCUMULE DES MATÉRIAUX POUR UN ROMAN... L'HISTOIRE D'UN MEC QU'ARRIVE PAS À S'RÉINSÉRER APRÈS MAI 68 ET QUI FINIT PAR SE SUICIDER, T'VOIS
BON DIEU, TU T'SOUVIENS CE N'EST QU'UN DÉBUT L'COMBAT CONTINUE !
PAUL, C'ÉTAIT NOTRE LEADER, TERRIBLE, PAUL ! UN VRAI FILS D'OUVRIER ! SON PÈRE BATTAIT SA MÈRE, SA MÈRE AVAIT DES VARICES ET MAL AUX OVAIRES, COMME DANS CÉLINE !.. IL NOUS SNOBAIT VACH'MENT AVEC SES PARENTS ! QU'EST-CE QU'ON LES LUI ENVIAIT !
ET QUEL COMBATTANT, QUEL COURAGE ! UNE INTELLIGENCE TACTIQUE ! ET PUIS LE ROI DE L'AGIT-PROP. AH, IL EN A FAIT TAIRE DES ORATEURS DANS LES ASSEMBLÉES GÉNÉRALES ...À COUP DE CHAÎNE DE VÉLO S'IL LE FALLAIT...
J'SUIS UN COMBATTANT D'LA LIBERTÉ, Y RÉPÉTAIT !
ET UN BAGOUT ! UN VRAI TITI... IL AVAIT SURNOMMÉ JEAN-LOUIS : LE POCEAU ROUGE À CAUSE DE SA TIMIDITÉ AVEC LES FILLES... TU TE SOUVIENS, JEAN-LOUIS ? ET LA FOIS OÙ IL T'AVAIT SURPRIS EN TRAIN D'TE BRANLER DANS UNE LOGE DE L'ODÉON ! AH, IL T'EN A FAIT BAVER AVEC ÇA, HEIN ! IL LE RACONTAIT DEVANT LES FILLES ET JEAN-LOUIS DEVENAIT ROUGE COMME UNE TOMATE !
DE NOUS TROIS C'ÉTAIT LE MEILLEUR ! ON ÉTAIT CONVAINCU QU'IL ALLAIT FAIRE DES CHOSES EXTRAORDINAIRES.
BEN, ÇA A PAS L'AIR D'ALLER TRÈS FORT POUR LUI, TU VOIS. IL M'A FAIT L'EFFET DU MEC AIGRI, AMER ET TOUT...
EUH, IRINA, MA FEMME...
TU ME TROUVAIS PAS ASSEZ HABILLÉE..
J'T'AVAIS DIT UN PETIT ENSEMBLE DÉCONTRACTÉ ! MAIS UNE ROBE LONGUE ! TU VEUX ME RIDICULISER DEVANT MES AMIS, HEIN ! J'TE REVAUDRAI ÇA !
COMPLÈTEMENT DÉBILES, TES AMIS !
UN PEU D'PATIENCE ! ON BOUFFE ET ON S'TIRE, J'TE DIS !
3

TIENS, PAUL, REGARDE QUI EST LÀ!
NON, SANS BLAAAGUE! V'LA JEAN-LOUIS L'PUCEAU!
PASSONS À TABLE, VOULEZ-VOUS?
BON DIEU, LES MECS, NOUS V'LA RÉUNIS COMME AU BON VIEUX TEMPS!
MEEERDE! L'PUCEAU AVEC UNE NANA! JE RÊÊÊVE!
TOUJOURS AUSSI LÉGER CE CON DE PAUL!
SANS BLAAAGUE, MAMZELLE IL ARRIVE À VOUS SAUTER?
SI TU SERVAIS LE VIN, MICHEL?
DIS-DONC, PAUL, JEAN LOUIS PIQUE SON FARD!
VA T'FAIRE FOUTRE, CONNARD!
SAVEZ QU'VOUS ÊTES PAS DRÔLES TOUS LES DEUX!
TIENS, J'AI LU TON BOUQUIN, JEAN-LOUIS... BEN C'EST D'LA MERDE. ÇA PUE L'MÉPRIS DU GRAND BOURGEOIS-VOYEUR... OUAIS... MÔSSIEUR FAIT PARTIE DES HAPPY FEWS D'LA RÉVOLTE!.. IL ÉTAIT DE TOUTES LES GRANDES PREMIÈRES D'SA GÉNÉRATION!
SACRÉ PAUL!
...LE GAUCHISME, LE ROCK, LA CONTRECULTURE... ET AUX 1° LOGES BIEN SÛR!.. APRÈS ON VA FAIRE UN TOUR DANS LES COULISSES, HISTOIRE DE VOIR L'ENVERS DU DÉCOR ET D'SERRER LA PINCE AUX VEDETTES AVANT D'EN DEVENIR UNE SOI-MÊME!
ENSUITE AVEC LES RÊVES ASSASSINÉS DE TOUTE UNE JEUNESSE ON FABRIQUE UN ROMAN BIEN FICELÉ QU'ON VEND 65 BALLES AUX BOURGEOIS!
...ET À 50 BERGES ON S'RETROUVE À L'ACADÉMIE FRANÇAISE. ON A ÉTÉ UN TÉMOIN D'SON ÉPOQUE.
PENDANT CE TEMPS LES RINGARDS DU POULAILLER QU'ONT TOUT PRIS POUR D'L'ARGENT COMPTANT, QU'ONT PAS PIGÉ QU'TOUT ÇA ÉTAIT UN SPECTACLE MONTÉ PAR DE TALENTUEUX JEUNES GENS DOUÉS DU MERVEILLEUX INSTINCT D'FAIRE COÏNCIDER LEURS IDÉAUX AVEC LEURS INTÉRÊTS...
...LES RINGARDS, EUX RETOURNENT AU CHARBON ET PAIENT LES POTS CASSÉS
T'AS L'AIR BIEN AIGRI, MON VIEUX, J'SUIS DÉSOLÉ POUR TOI...
AIGRI, MOI! J'SUIS SIMPLEMENT RESTÉ FIDÈLE À MA JEUNESSE, J'CONTINUE À MILITER, MOI!
VOUS REPRENEZ DU POTAGE?
VOTRE MAL À VOUS, LES GAUCHISTES FRANÇAIS, C'EST QUE VOUS AVEZ LA RÉVOLTE TRISTE... VOUS ÊTES DÉSESPÉRÉMENT COINCÉS EN DÉPIT DE TOUS VOS EFFORTS POUR PROUVER LE CONTRAIRE!
VOUS VOUS SOUVENEZ LA FOIS OÙ ON A FAILLI SE FAIRE COXER PAR LES FLICS, RUE D'L'ODÉON! C'QU'ON A PU S'MARRER, HEIN!
4

VOUS RAMPEZ DANS LES 3 DIMENSIONS DE VOTRE RATIONALISME. LES AMÉRICAINS, EUX, VIVENT LEUR RÉVOLTE EN 4, 5 10 DIMENSIONS. ILS ÉCLATENT ET S'ÉCLATENT. ET QUAND VOUS CHERCHEZ À LES IMITER, VOUS ÊTES EMPRUNTÉS COMME DES PETITS BOURGEOIS...
...ENDIMANCHÉS, SURVEILLANT DU COIN DE L'OEIL L'EFFET QU'ILS FONT SUR LA GALERIE. COMPARE NOTRE CONTRECULTURE À LA LEUR. QUELLE TRISTESSE! CE N'EST PAS UNE CULTURE C'EST UN MUR DES LAMENTATIONS!
LIS LE COURRIER DES LECTEURS DE LIBÉRATION QUI EST COMME LE REFLET CARICATURAL DE L'EXTRÊME GAUCHE. TOUTE UNE JEUNESSE EXPOSANT AVEC COMPLAISANCE SES PETITES MISÈRES QUI SONT À LA VRAIE MISÈRE CE QUE MAI 68 FUT À LA RÉVOLUTION D'OCTOBRE... C'EST AVEC CES ÉCLOPÉS QUE VOUS ALLEZ FAIRE LA RÉVOLUTION!
T'AURAIS DÛ ALLER FAIRE UN TOUR AUX STATES, MON VIEUX. LÀ, LA RÉVOLTE DE LA JEUNESSE ÉTAIT UNE VRAIE FÊTE, UNE FÊTE PAÏENNE, SENSUELLE, MYSTIQUE, COSMIQUE! APPRENEZ À VIVRE À L'AISE DANS VOTRE PEAU ET APRÈS VOUS CHANGEREZ LE MONDE. CESSEZ D'UTILISER LA RÉVOLUTION COMME UNE PROTHÈSE!
ÇA, C'EST LA MEILLEURE! NON, MAIS REGARDE-TOI, MON VIEUX. T'AS L'AIR LIBÉRÉ COMME UN POT D'YAOURT DIÉTÉTIQUE!.. T'ENTENDS ÇA, COCOTTE, L'PUCEAU QUI VEUT NOUS APPRENDRE À VIVRE! À NOUS, AH, AH, AH!
QU'EST-CE QUE T'AS, COCOTTE, POURQUOI TU PLEURES?
JE, JE... J'PLEURE PARC'QU'ELLE EST SI BELLE ET QU'MOI J'SUIS LAIDE... C'EST PAS JUSTE!
MAIS VOUS PLAISANTEZ, VOUS ÊTES CHARMANTE!
AAAIEEE!
COCOTTE!
ELLE EST FOLLE!!!
MA MAIN, MA MAIN!
VENEZ, VENEZ AVEC MOI...
J'T'INTERDIS D'TRAITER MA FEMME DE FOLLE, SALAUD!
5

PARCEQUE TU TROUVES ÇA NORMAL C'QU'ELLE M'A FAIT, HEIN? C'EST NORMAL, ÇA?
OUI, OUI, ON VA S'EN ALLER. D'ACCORD!
AH, NOUS Y VOILA, LES SACRO-SAINTES NORMES, HEIN! SON AGRESSION ÉTAIT UN APPEL À L'AIDE. IMBÉCILE!.. UNE FAÇON DE COMMUNIQUER AVEC TOI, QUI NE LUI APAS ADRESSÉ LA PAROLE UNE SEULE FOIS!
J'L'AI CONNUE DANS UN GROUPE DE MILITANTS PSY. OUI, ELLE SORT D'UN ASILE, L'UN DES CULS DE BASSE FOSSE DE TA SOCIÉTÉ POURRIE! MAIS LA RÉVOLTE GRONDE DANS VOS DÉPOTOIRS POUR INDIVIDUS NON CONFORMES!
ENCORE UNE CHANCE QU'ELLE N'AIT PAS EU UN RÉVOLVER POUR COMMUNIQUER AVEC MOI! TU VAS LES DRAGUER À SAINTE ANNE, TES NANAS?
...ILS SE POLITISENT. DÉLINQUANTS, PSYCHOPATES, PSYCHIATRISÉS, HOMOSEXUELS, FEMMES, PÉDOPHILES, HANDICAPÉS DE TOUT POIL SONT LES TROUPES FRAÎCHES DE LA NOUVELLE GAUCHE
AH, BIEN SÛR, ELLE NE CORRESPOND PAS AUX CANONS PHALLOCRATIQUES ET BOURGEOIS DE LA FEMME-OBJET...
QU'EST-CE QU'ELLES ONT À RIRE COMME ÇA...
AH. AH. AH. AH. AH. AH
J'AI PAS ENVIE D'PARTIR... J'VEUX RESTER AVEC IRINA... J'SUIS BIEN ICI C'EST BEAU. C'EST CHAUD... C'EST SI LAID CHEZ NOUS!
ON PERD PAS CONTACT, HEIN! BON DIEU, L'AMITIÉ C'EST IMPORTANT DANS LA VIE!
MAIS, VOUS REVIENDREZ ME VOIR HUGUETTE, N'EST-CE-PAS?
OUAIS OUAIS. ON SE TÉLÉPHONE, HEIN
DIS-DONC. TU POURRAIS M'AVANCER 1.000 BALLES?
TU TOMBES MAL, EN CE MOMENT, MON PAUV' VIEUX... ÉCOUTE, JE PEUX TE FILER 100 BALLES C'EST TOUT... MAIS QU'ÇA NE DEVIENNE PAS UNE HABITUDE...
DIS, PAUL, POURQUOI, Y A DES GENS QUI ONT TOUT ET D'AUTRES RIEN?
TU AS ÉTÉ FORMIDABLE AVEC LA NANA D'PAUL! TU T'HUMANISES! TU LUI AS DIT QUE TU ALLAIS LA REVOIR?
CETTE FOLLE?!! J'AI FAIT LE NÉCESSAIRE POUR LA CALMER... JE N'AVAIS PAS ENVIE QU'ELLE ME CASSE QUELQUE CHOSE... LA PROCHAINE FOIS TU INVITES TES AMIS AU RESTAURANT!

l'annonce faite à Martine

ANTOINE, OÙ ALLEZ-VOUS, ANTOINE!
C'EST RIDICULE! ARRÊTEZ UN PEU DE COURIR!.. D'ACCORD, CE N'ÉTAIT PAS JOLI, JOLI... MAIS...
VOUS PRÉPAREZ LE CROSS DU FIGARO OU QUOI?!.. ANTOINE, JE SUIS VRAIMENT DÉSOLÉE... MAIS VOUS PLEUREZ!.. OH, NON, NON!!!
C'EST BIEN MA CHANCE, TIENS... ESSAYEZ DE VOUS CALMER... QU'EST-CE QUE JE VAIS FAIRE DE VOUS, MOI?!..
C'EST SI GRAVE QUE ÇA?
COMMENT VOULEZ-VOUS QU'ON VOUS AIDE SI VOUS RESTEZ FERMÉ COMME UNE HUÎTRE?! DITES-MOI AU MOINS VOTRE ADRESSE!
53 RUE MONGE
BON, VOUS VOILÀ CHEZ VOUS... SINCÈREMENT, ANTOINE, JE SUIS DÉSOLÉE... JE NE ME RENDAIS PAS COMPTE...
J'VEUX VOUS REVOIR!
ANTOINE, ÇA N'AURAIT AUCUN SENS, VOUS VOUS EN RENDEZ BIEN COMPTE! ALLONS, QUITTONS-NOUS BONS AMIS
J'VEUX VOUS REVOIR!
NE DITES PAS DE BÊTISES!.. VOUS ALLEZ RECEVOIR D'AUTRES RÉPONSES... VOUS LA TROUVEREZ VOTRE JEUNE LOUVE, VOUS VERREZ...
C'SONT TOUTES DES PAUMÉES COMME MOI... M'INTÉRESSE PAS...
J'VEUX VOUS REVOIR!
ANTOINE, NE M'OBLIGEZ PAS À ME FÂCHER, DESCENDEZ!
J'VEUX VOUS REVOIR!
ÇA SUFFIT! J'AI FAIT MA B.A. POUR AUJOURD'HUI! DESCENDEZ IMMÉDIATEMENT! VOUS ENTENDEZ!
OUF, QUEL POT D'COLLE!
2

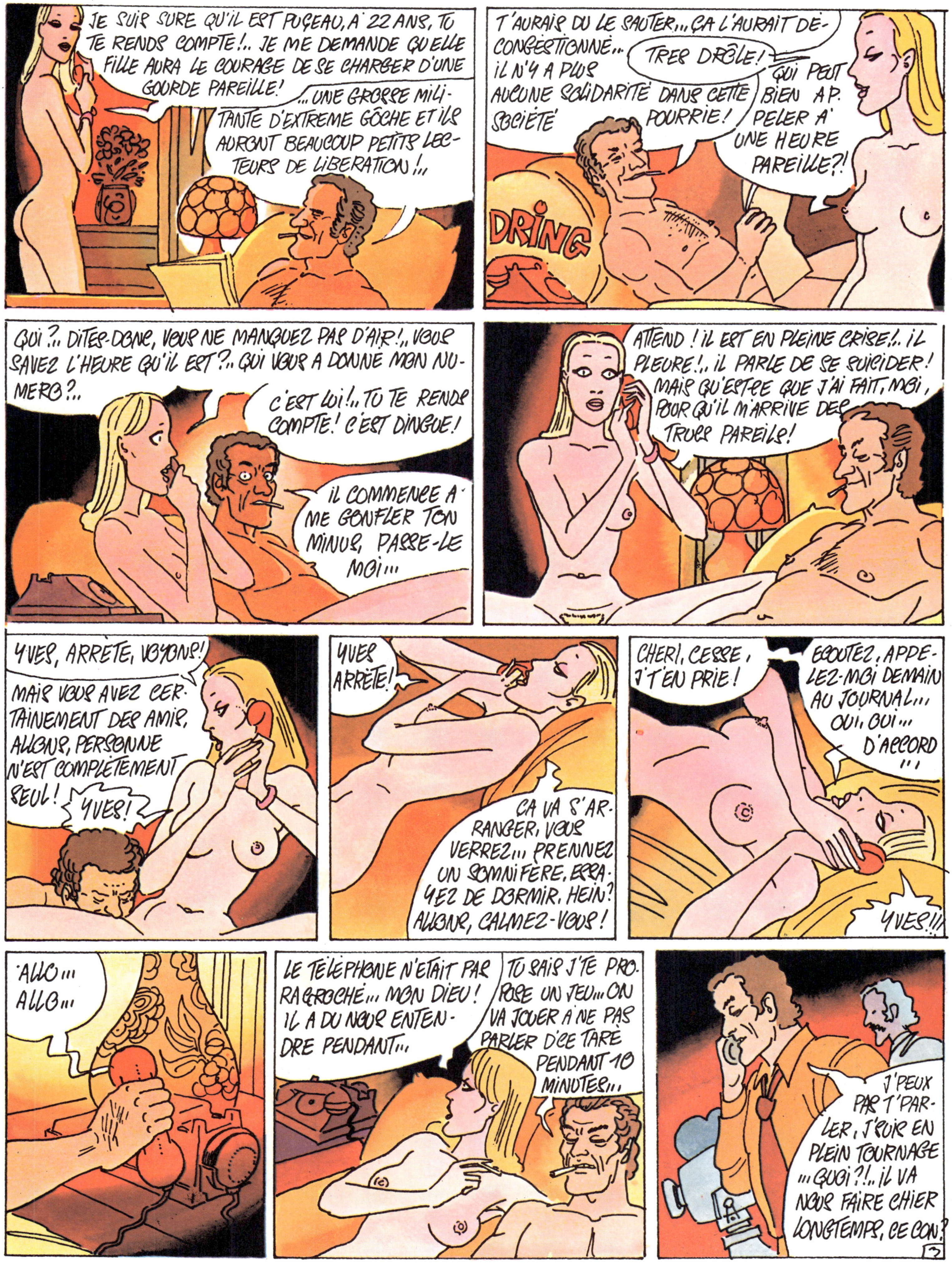
JE SUIS SURE QU'IL EST PUCEAU, A 22 ANS, TU TE RENDS COMPTE !.. JE ME DEMANDE QUELLE FILLE AURA LE COURAGE DE SE CHARGER D'UNE GOURDE PAREILLE !
... UNE GROSSE MILITANTE D'EXTREME GÔCHE ET ILS AURONT BEAUCOUP PETITS LECTEURS DE LIBERATION !..
T'AURAIS DU LE SAUTER... ÇA L'AURAIT DÉCONGESTIONNÉ... IL N'Y A PLUS AUCUNE SOLIDARITÉ DANS CETTE SOCIÉTÉ POURRIE !
TRES DRÔLE !
QUI PEUT BIEN APPELER A UNE HEURE PAREILLE ?!
DRING
QUI ?.. DITES-DONC, VOUS NE MANQUEZ PAS D'AIR !.. VOUS SAVEZ L'HEURE QU'IL EST ?.. QUI VOUS A DONNE MON NUMERO ?..
C'EST LUI !.. TU TE RENDS COMPTE ! C'EST DINGUE !
IL COMMENCE A ME GONFLER TON MINUS, PASSE-LE MOI...
ATTEND ! IL EST EN PLEINE CRISE !.. IL PLEURE !.. IL PARLE DE SE SUICIDER ! MAIS QU'EST-CE QUE J'AI FAIT, MOI, POUR QU'IL M'ARRIVE DES TRUCS PAREILS !
YVES, ARRÊTE, VOYONS !
MAIS VOUS AVEZ CERTAINEMENT DES AMIS, ALLONS, PERSONNE N'EST COMPLÈTEMENT SEUL !
YVES !
YVES ARRÊTE !
ÇA VA S'ARRANGER, VOUS VERREZ... PRENNEZ UN SOMNIFÈRE, ESSAYEZ DE DORMIR, HEIN ? ALLONS, CALMEZ-VOUS !
CHERI, CESSE, J'T'EN PRIE !
ECOUTEZ, APPELEZ-MOI DEMAIN AU JOURNAL... OUI, OUI... D'ACCORD ...
YVES !!!
ALLO... ALLO...
LE TÉLÉPHONE N'ÉTAIT PAS RACCROCHÉ... MON DIEU ! IL A DU NOUS ENTENDRE PENDANT...
TU SAIS J'TE PROPOSE UN JEU... ON VA JOUER À NE PAS PARLER D'CE TARÉ PENDANT 10 MINUTES...
J'PEUX PAS T'PARLER, J'SUIS EN PLEIN TOURNAGE ... QUOI ?!.. IL VA NOUS FAIRE CHIER LONGTEMPS, CE CON ?

C'EST UN SUICIDE BIDON, VOYONS!.. QUAND ON VEUT VRAIMENT EN FINIR!..
NE DRAMATISE PAS! TU N'Y ES POUR RIEN!
RIEN DE GRAVE?
NON, C'EST RIEN... UN COPAIN QUI S'EST SUICIDÉ...
IL N'A PAS ÉTÉ RÉELLEMENT EN DANGER... MAIS CE GENRE DE GESTE N'EST JAMAIS TOUT À FAIT DE LA SIMULATION... C'EST UN APPEL À L'AIDE, VOUS VOYEZ... IL NE FAUT PAS LE PRENDRE À LA LÉGÈRE... LES RÉCIDIVES SONT SOUVENT FATALES...
VOUS ALORS! J'SUIS MÊME PAS FOUTU DE RÉUSSIR MON SUICIDE, VOYEZ
JE VOUS EN SUPPLIE, PAS DE MÉLODRAME, HEIN! J'AI HORREUR DE ÇA!
J'VOUS AIME!
QUOI?! AH, IL NE MANQUAIT PLUS QUE ÇA!.. MAIS ENFIN, ANTOINE C'EST DE L'ENFANTILLAGE! VOUS NE ME CONNAISSEZ PAS!.. ÇA N'A PAS DE SENS!
J'VOUS AIME!
SI VOUS RÉPÉTEZ ÇA JE M'EN VAIS!
SI J'VOUS REVOIS PAS, J'REMETS ÇA. J'AI RIEN À PERDRE... POUR LA VIE QUE JE MÈNE DANS CETTE SOCIÉTÉ DE MERDE!
MAIS JE N'AI RIEN À FAIRE DE VOUS, MOI! J'AI MA VIE, ANTOINE! ÉCOUTEZ, JE VEUX BIEN VOUS AIDER MAIS À CONDITION QUE VOUS SOYEZ RAISONNABLE...
JE VAIS VOUS PRÉSENTER UNE AMIE À MOI. JE SUIS SÛRE QU'ELLE VOUS PLAIRA!
JE VAIS LUI PRÉSENTER BABETTE. ELLE SE PLAINT TOUJOURS DE NE PAS TROUVER DE JULES...
C'EST ÇA! ILS SERONT CHOUETTE, TOUS LES DEUX!
BABETTE A BEAUCOUP DE CHARME...
4

J'TE REMERCIE DU CADEAU! T'AS VU SA DÉGAINE?
TU AURAIS PU AU MOINS LUI PARLER C'EST UN GARÇON TRES INTÉRESSANT
MERCI! J'VOIS LE GENRE! J'EN AI ASSEZ DE MATERNER DES PAUMES
JE... JE NE DANSE PAS!
JUSTEMENT C'EST L'OCCASION OU JAMAIS DE COMMENCER...
ALORS, ELLE VOUS PLAIT MON AMIE?
CE BOUDIN?
VOUS ATTENDIEZ QUI? ISABELLE ADJANI? OH, ET PUIS VOUS ETES INCROYABLE!.. ET VOUS AURIEZ PU AU MOINS VOUS DONNER LA PEINE D'APPRENDRE A DANSER!
JE VOUS AI DEJA DIT QUE J'ETAIS QUELQU'UN DE TOTALEMENT RIDICULE!
TIENS, PREND LA RELEVE, J'EN AI MA CLACQUE!
ALLEZ, VA LA CHERCHER!
RIEN A FOUTRE! LES BONNES FEMMES, HEIN, FFFT!
ZETES PAS DRÔLE, TOUS LES DEUX! TOUJOURS LE MÊME CINEMA!
MARTINE!
5

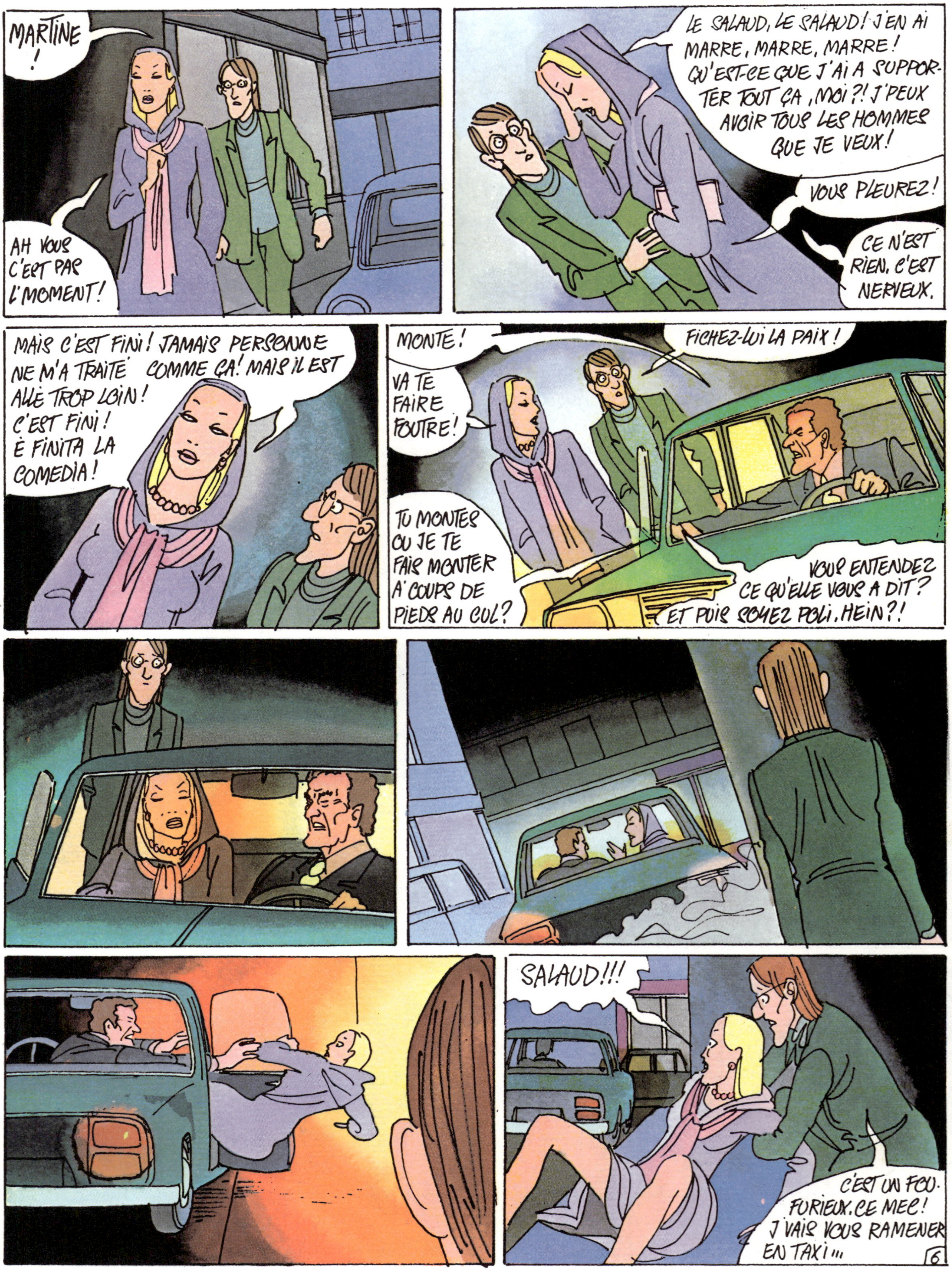
MARTINE !
AH VOUS C'EST PAS L'MOMENT !
LE SALAUD, LE SALAUD ! J'EN AI MARRE, MARRE, MARRE ! QU'EST-CE QUE J'AI À SUPPORTER TOUT ÇA, MOI ?! J'PEUX AVOIR TOUS LES HOMMES QUE JE VEUX !
VOUS PLEUREZ !
CE N'EST RIEN. C'EST NERVEUX.
MAIS C'EST FINI ! JAMAIS PERSONNE NE M'A TRAITÉ COMME ÇA ! MAIS IL EST ALLÉ TROP LOIN ! C'EST FINI ! È FINITA LA COMEDIA !
MONTE !
FICHEZ-LUI LA PAIX !
VA TE FAIRE FOUTRE !
TU MONTES OU JE TE FAIS MONTER À COUPS DE PIEDS AU CUL ?
VOUS ENTENDEZ CE QU'ELLE VOUS A DIT ? ET PUIS SOYEZ POLI, HEIN ?!
SALAUD !!!
C'EST UN FOU-FURIEUX, CE MEC ! J'VAIS VOUS RAMENER EN TAXI...
6

DÉPOSEZ-MOI À UN HOTEL... JE... JE NE VEUX PAS RENTRER CHEZ MOI... IL A LES CLEFS...
JE NE VEUX PAS VOUS LAISSER SEULE DANS CET ETAT! MARTINE... HEU ... VENEZ CHEZ MOI!
SI C'EST POUR VOIR VOUS GRAVURES CHINOISES JE NE SUIS PAS D'HUMEUR!
HEU. C'EST L'BORDEL, ICI... J'VAIS VOUS PRETER UN PYJAMA... JE... JE DORMIRAI DANS L'FAUTEUIL.
JE N'EN PEUX PLUS, JE N'EN PEUX PLUS!
VOUS DEVEZ LE QUITTER, MARTINE... IL VA VOUS DÉTRUIRE!
JE LUI LAISSE TOUTE SA LIBERTÉ! TOUT CE QUE JE LUI DEMANDE C'EST DE NE PAS M'HUMILIER EN PUBLIC! DE NE PAS DRAGUER SES POTES DEVANT MOI!.. MAIS NON! C'EST ENCORE TROP POUR LUI!
J'ETAIS ETUDIANTE LORSQUE JE L'AI CONNU. IL ETAIT CÉLÈBRE IL M'A FAIT LE GRAND JEU, REGINE, CASTEL LES WEEK-ENDS À DEAUVILLE, TOUT L'CIRQUE! J'AI CRU QUE C'ETAIT ARRIVÉ...
ET PUIS TRES VITE C'EST DEVENU L'ENFER...
...20 FOIS J'AI ESSAYÉ DE ROMPRE! JE N'Y ARRIVE PAS! IL EST TROP FORT... IL NE PEUT MÊME PAS CONCEVOIR QU'ON LUI RÉSISTE
JE POURRAIS ESSAYER DE VOUS AIDER, SI VOUS VOULIEZ
VOUS! MAIS VOUS N'ETES MEME PAS CAPABLE DE VOUS AIDER VOUS MÊME!
PARCEQUE... JE... JE SUIS SEUL, MAIS... SI J'AVAIS QUELQU'UN COMME VOUS... JE...
...JE DEVIENDRAIS KING-KONG, MOI, SANS BLAGUE! POUR VOUS JE SERAIS CAPABLE DE TOUT... JE ...JE...
JE SUIS UNE FEMME DE LUXE, ANTOINE
MAIS JE GAGNERAIS DE L'ARGENT! C'EST FACILE LORSQU'ON EST PLUS SEUL! ESSAYONS, MARTINE, DONNEZ-MOI UNE CHANCE!
LAISSEZ-MOI LE TEMPS D'Y PENSER ANTOINE...
7

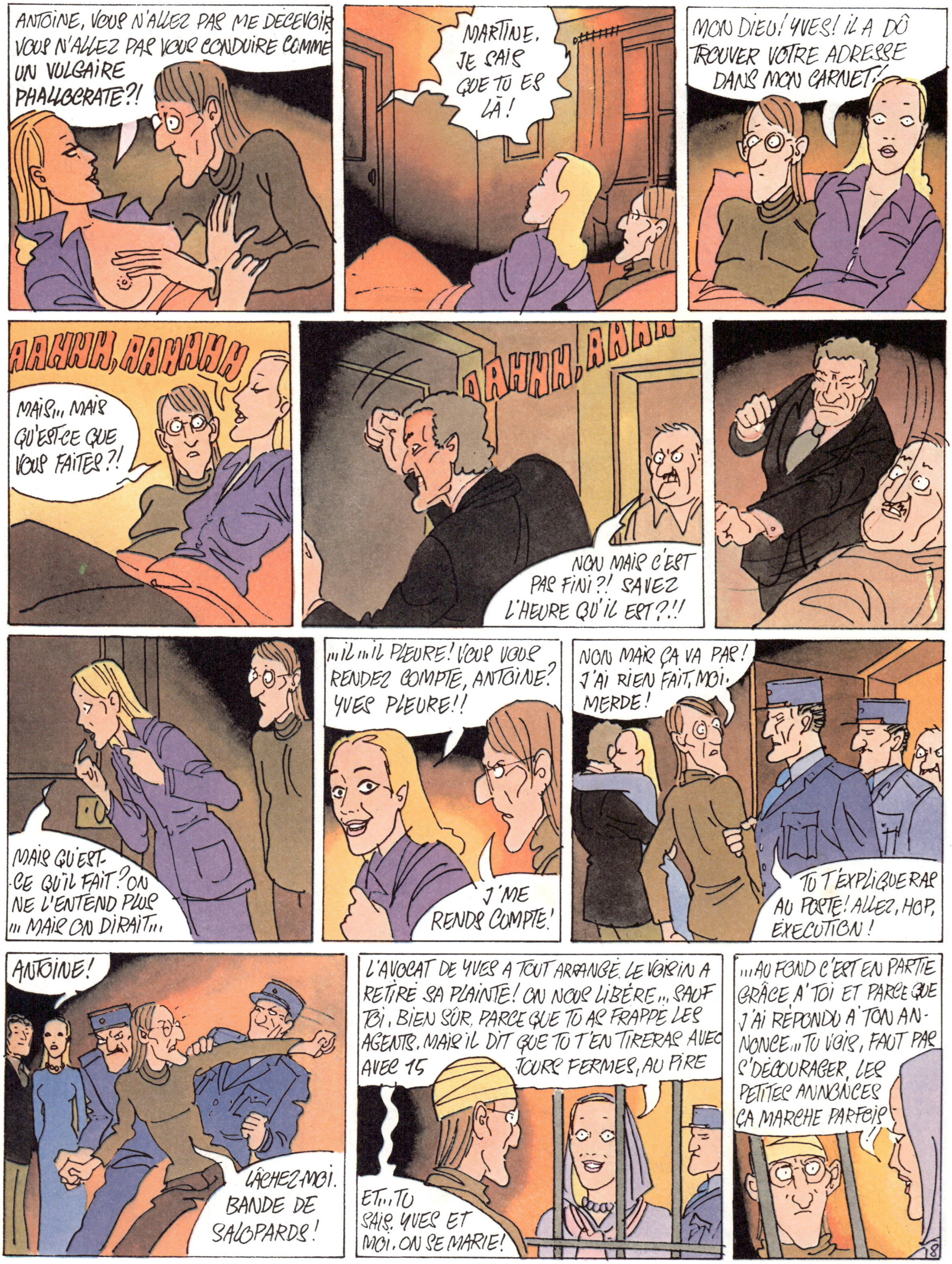
ANTOINE, VOUS N'ALLEZ PAS ME DÉCEVOIR VOUS N'ALLEZ PAS VOUS CONDUIRE COMME UN VULGAIRE PHALLOCRATE ?!
MARTINE. JE SAIS QUE TU ES LÀ !
MON DIEU ! YVES ! IL A DÛ TROUVER VOTRE ADRESSE DANS MON CARNET !
AAHHH, AAHHHH
MAIS... MAIS QU'EST-CE QUE VOUS FAITES ?!
AAHHH, AAHH
NON MAIS C'EST PAS FINI ?! SAVEZ L'HEURE QU'IL EST ?!!
MAIS QU'EST-CE QU'IL FAIT ? ON NE L'ENTEND PLUS ... MAIS ON DIRAIT...
...IL ...IL PLEURE ! VOUS VOUS RENDEZ COMPTE, ANTOINE ? YVES PLEURE !!
J'ME RENDS COMPTE !
NON MAIS ÇA VA PAS ! J'AI RIEN FAIT, MOI. MERDE !
TU T'EXPLIQUERAS AU POSTE ! ALLEZ, HOP, EXÉCUTION !
ANTOINE !
LÂCHEZ-MOI. BANDE DE SALOPARDS !
L'AVOCAT DE YVES A TOUT ARRANGÉ. LE VOISIN A RETIRÉ SA PLAINTE ! ON NOUS LIBÈRE... SAUF TOI, BIEN SÛR, PARCE QUE TU AS FRAPPÉ LES AGENTS. MAIS IL DIT QUE TU T'EN TIRERAS AVEC AVEC 15 JOURS FERMES, AU PIRE
ET... TU SAIS. YVES ET MOI, ON SE MARIE !
...AU FOND C'EST EN PARTIE GRÂCE À TOI ET PARCE QUE J'AI RÉPONDU À TON ANNONCE... TU VOIS, FAUT PAS S'DÉCOURAGER, LES PETITES ANNONCES ÇA MARCHE PARFOIS !
!!
18

mission impossible

ZONT DÛ RECOMMENCER A' S'ENGUEULER!!!
PROBABLE !!!
DRING
ON A VÉRIFIÉ TOUS LES CIRCUITS. APPARAMMENT TOUT EST EN ORDRE! A MOINS QUE CE SOIT LES ÉLECTRODES!
ÇA NE PEUT PAS ÊTRE LES ÉLECTRODES. JE M'EN PORTE GARANT!
ALORS ÇA NE PEUT ÊTRE QUE D'ORDRE PSYCHOLOGIQUE!
IMPOSSIBLE! JE SUIS FORMEL! SI LES ONDES PARVIENNENT AUX ÉLECTRODES, ELLES ANIHILENT TOUTE PULSION AGRESSIVE! C'EST ENFANTIN!
CE QUI EST INQUIÉTANT CE SONT CES COURBES ORGASMIQUES...
CALME-TOI, MON VIEUX! C'EST PAS L'MOMENT DE S'ENERVER!
BON DIEU. C'EST VRAI! LES COURBES ORGASMIQUES!
QU'EST-CE QUE C'EST QUE CETTE HISTOIRE, ENCORE?!
DEPUIS 4 MOIS ENVIRON LES COURBES ORGASMIQUES D'HÉLÈNE ONT PRIS UN PROFIL, HEU... PRÉOCCUPANT!
C'EST-A-DIRE?
EN CLAIR, HÉLÈNE SEMBLE AVOIR DE PLUS EN PLUS DE MAL A ATTEINDRE L'ORGASME! ET TOUT PARAIT INDIQUER QUE DEPUIS UN CERTAIN TEMPS ELLE NE L'ATTEINT PLUS ET QU'ELLE JOUE LA COMÉDIE A JO...
ET CELA PEUT AVOIR DES CONSÉQUENCES DRAMATIQUES! DRAMATIQUES!
EXPLIQUE-TOI!
EH, BIEN, PEU A PEU LA PERSONNALITÉ D'HÉLÈNE A PRIS LE DESSUS. JO L'A RESSENTI INCONSCIEMMENT COMME UNE ATTEINTE A SA VIRILITÉ! C'EST COMME UNE FISSURE DANS SON ÉQUILIBRE PSYCHIK. IL EST TRÈS DIFFICILE D'EN ÉVALUER L'ÉTENDUE...
MAIS SI DANS UN MOMENT PAREIL, JO APPREND QU'IL N'ARRIVE PLUS A SATISFAIRE SA FEMME ET QU'ELLE LUI JOUE LA COMÉDIE...
2

"LES CONSÉQUENCES PSYCHOLOGIQUES SONT TOUT À FAIT IMPRÉVISIBLES!
J'IMAGINE QUE LE PRÉSIDENT A ÉTÉ MIS AU COURANT?! C'EST UN TRUC À INTERROMPRE LE VOL
EH, BIEN, DAVE A DÛ LUI FAIRE UN RAPPORT, HEIN, DAVE?
ABSOLUMENT PAS! CE N'ÉTAIT PAS À MOI À LE FAIRE, D'AILLEURS!
LA SURVEILLANCE DES COURBES ORGASMIQUES FAIT PARTI DU DOSSIER MÉDICAL!
LES CONSÉQUENCES QU'ELLES IMPLIQUENT DANS LE DOMAINE PSYCHIK NE SONT PAS DE MON RESSORT MAIS DE CELUI DU PSYCHOLOGUE! C'EST TOI QUE ÇA REGARDE, MON VIEUX!
IL FAUT ABSOLUMENT RÉVEILLER LE PRÉSIDENT! J'EN PRENDS LA RESPONSABILITÉ!
TU NOUS A MIS DANS DE BEAUX DRAPS, MON VIEUX!
AH, JE VOIS! ON VEUT ME FAIRE PORTER LE CHAPEAU! RIEN DE TOUT CELA N'AURAIT PU AVOIR DE CONSÉQUENCES SANS LA DÉFAILLANCE DE LA TECHNIQUE!.. SI CES SATANÉS CIRCUITS FONCTIONNAIENT...
...UNE SIMPLE DÉCHARGE ÉLECTRIQUE AU NIVEAU DES CENTRES CERVICAUX DE L'AGRESSIVITÉ AURAIT SUFFIT À STOPPER LEURS DISPUTES ET LEURS CONFLITS, NORMAUX DANS UNE SITUATION DE CE GENRE, NE SE SERAIENT JAMAIS ENVENIMÉS AU POINT DE RISQUER DE COMPROMETTRE LEUR MISSION!
AL, AL!!! ÇA VA MAL ICI!.. JE CROIS QU'IL FAUDRAIT QUE TU ESSAYES D'INTERVENIR! AL!!!
SALUT, JO, HELLO, HÉLÈNE...
AH, VOUS, FOUTEZ-NOUS LA PAIX, HEIN!!!
3

LE PRÉSIDENT!
ON A DES PROBLÈMES, PRÉSIDENT!..
ALLONS, BILL, LORSQUE VOUS VOUS SEREZ PRÉSENTÉ À LA PRÉSIDENCE DES ÉTATS-UNIS, VOUS VERREZ QUE SE POSER SUR MARS NE POSE PAS DE VÉRITABLES PROBLÈMES EN COMPARAISON
AH. AH
AH. AH. AH
AH. AH
BON. EXPLIQUEZ-MOI CE QUI SE PASSE?
MERCI, BILL, POUR VOTRE EXPOSÉ TRÈS BRILLANT COMME D'HABITUDE! JE VAIS ESSAYER DE RÉSUMER. DITES-MOI SI J'AI BIEN COMPRIS... L'OPÉRATION GALAXIE RISQUE DE CAPOTER À CAUSE D'UNE SCÈNE DE MÉNAGE!!!
...DES MILLIARDS DE DOLLARS, LES PLUS GRANDS CERVEAUX DE L'OCCIDENT MOBILISÉS DEPUIS 20 ANS, LA PLUS FORMIDABLE AVENTURE SCIENTIFIQUE DE TOUS LES TEMPS, TOUTE LA PUISSANCE TECHNOLOGIQUE DES ÉTATS-UNIS CONCENTRÉE DANS CE BUT... TOUT CELA RISQUE D'ÊTRE MIS EN ÉCHEC À CAUSE D'UN TUBE DE DOM PÉRIGNON DÉBOUCHÉ!
QUANT À VOUS, MON VIEUX, JE NE SUIS PAS PSYCHOLOGUE, JE NE SUIS QUE PRÉSIDENT DES ÉTATS-UNIS... MAIS J'AI TOUJOURS TROUVÉ ABSURDE D'ENVOYER UN COUPLE **MARIÉ** DANS LE COSMOS POUR UN VOYAGE DE 2 ANS **EN TÊTE À TÊTE**!
VOUS VOUS VOYEZ, VOUS, PENDANT 2 ANS, SEUL AVEC VOTRE FEMME, NAVIGANT À TRAVERS L'ESPACE, DANS UN HABITACLE DE 30 M²? HEIN, HEIN?!
LES ÉTUDES ONT PROUVÉ QU'UN COUPLE ÉQUILIBRÉ, UNI, AIMANT, ÉTAIT LE MIEUX ARMÉ POUR SUPPORTER UNE TELLE ÉPREUVE! LEUR AMOUR ÉTANT LE MEILLEUR ANTIDOTE CONTRE LA SOLITUDE EFFRAYANTE DES ESPACES INTERSTELLAIRES
AH. CES INTELLECTUELS!!!
4

JO ET HÉLÈNE ONT ÉTÉ SÉLECTIONNÉS PARMI DES MILLIERS DE COUPLES. ILS ONT ÉTÉ TESTÉS, ÉTUDIÉS PENDANT 6 ANS ! IL EST IMPOSSIBLE D'IMAGINER UN COUPLE PLUS AMOUREUX, PLUS UNI, PLUS ÉQUILIBRÉ
JE VOIS ÇA !
... BIEN SÛR, DES SCÉNARIOS DE CONFLITS ONT ÉTÉ ÉTUDIÉS SUR ORDINATEURS. MAIS GRÂCE À DES ÉLECTRODES MICROSCOPIQUES PLACÉES AU NIVEAU DES CENTRES CERVICAUX DE L'AGRESSIVITÉ NOUS POUVIONS LES CONTRÔLER !..
FAUX ! LES CIRCUITS FONCTIONNENT NORMALEMENT !
SEULEMENT À LA SUITE D'UNE DÉFAILLANCE TECHNIQUE, LE COURANT N'ARRIVE PLUS...
IMPOSSIBLE ! CE SYSTÈME ARRÊTE INSTANTANÉMENT LA CHARGE D'UN TAUREAU FURIEUX !
... MAIS PAS UNE SCÈNE DE MÉNAGE !
LE COUPLE RESTERA ENCORE LONGTEMPS UNE ÉNIGME POUR LA SCIENCE. CROYEZ-MOI !
BON. IL FAUT AGIR ! CETTE STUPIDE QUERELLE PEUT VRAIMENT COMPROMETTRE LEUR MISSION ?
DANS 6 HEURES ILS VONT COMMENCER LES MANŒUVRES POUR PÉNÉTRER DANS L'ATMOSPHÈRE MARTIENNE. LE MOMENT LE PLUS DÉLICAT ! LA MOINDRE ERREUR PEUT ÊTRE FATALE !.. JO, LE PILOTE AURA BESOIN DE TOUT SON CALME, SON SANG-FROID ... REGARDEZ-LE ... ET ÇA VA DE MAL EN PIS
PEUT-ON SUPPRIMER CE DÉLAI ? LEUR FAIRE COMMENCER IMMÉDIATEMENT CES MANŒUVRES ?..
OUI, MAIS...
ALORS, ALLONS-Y ! DANS L'ÉTAT DE JO, PLUS NOUS ATTENDRONS, PLUS CE SERA DANGEREUX !
C'EST UNE DÉCISION TERRIBLE, PRÉSIDENT !
J'EN PRENDS LA RESPONSABILITÉ ! MAIS D'ABORD JE VEUX LEUR PARLER ...
HÉLÈNE, JO, DANS CE MOMENT HISTORIQUE VOUS NE SEREZ PAS SEULS ! JE SERAI DE TOUT CŒUR AVEC VOUS ! MOI ET 400 MILLIONS D'AMÉRICAINS ... ET 10 MILLIARDS D'ÊTRES HUMAINS QUI GRÂCE AUX PRODIGES DE NOTRE TECHNOLOGIE VONT SUIVRE EN DIRECT SUR LEURS ÉCRANS CE TRIOMPHE À LA FOIS, DE LA SCIENCE DE LA CIVILISATION ET DE L'HOMME OCCIDENTAL DONT VOUS ÊTES LE SYMBOLE !
AU NOM DE TOUS, HÉLÈNE, JO, MERCI !
C'EST BIEN, MES ENFANTS, C'EST BIEN !
ÉCOUTE JE N'AURAIS PAS DÛ PARLER DE CE TUBE DE DOM PÉRIGNON ... C'EST DE MA FAUTE, EXCUSE-MOI !
5

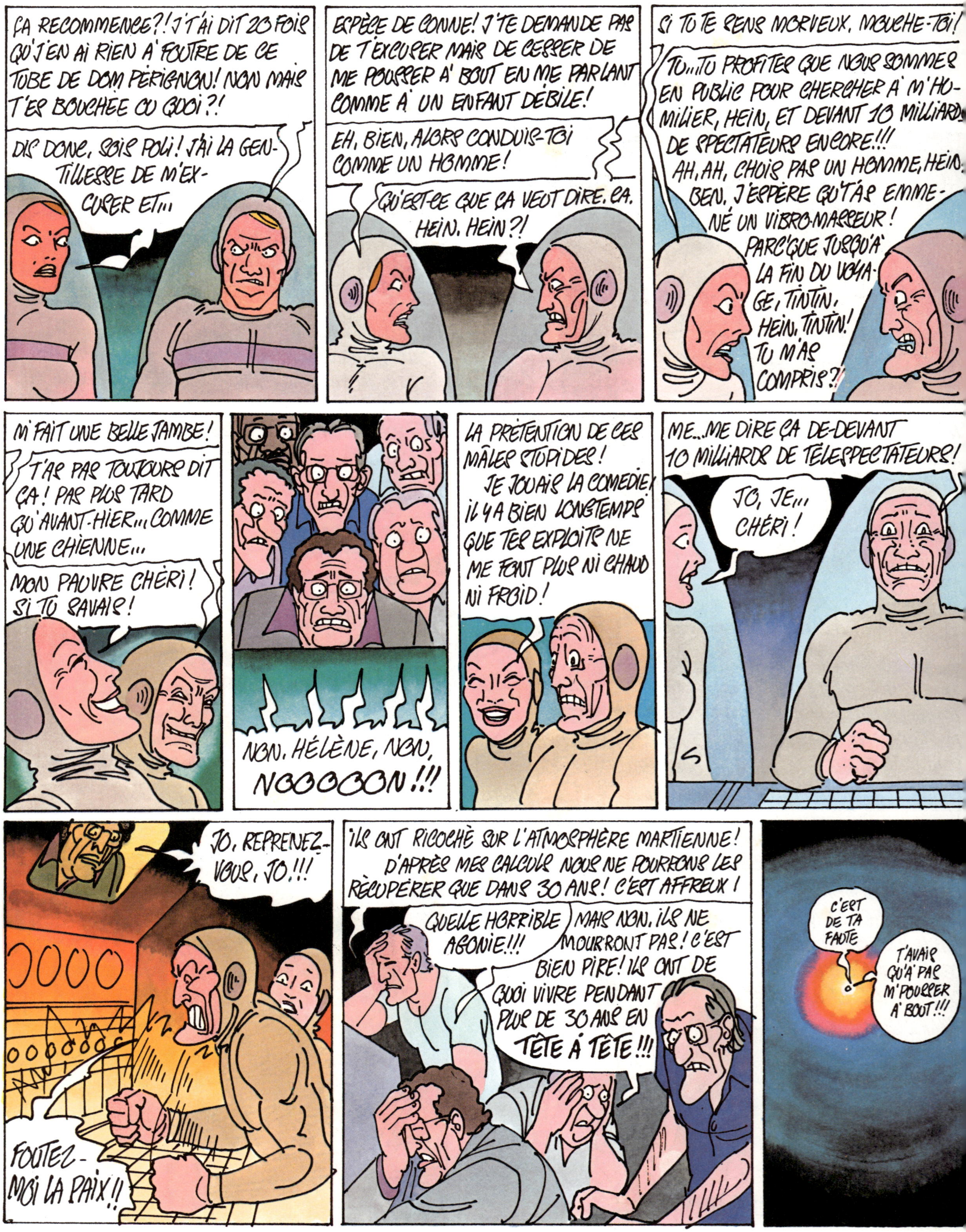
ÇA RECOMMENCE?! J'T'AI DIT 20 FOIS QU'J'EN AI RIEN À FOUTRE DE CE TUBE DE DOM PÉRIGNON! NON MAIS T'ES BOUCHÉE OU QUOI?!
DIS DONC, SOIS POLI! J'AI LA GENTILLESSE DE M'EXCUSER ET...
ESPÈCE DE CONNE! J'TE DEMANDE PAS DE T'EXCUSER MAIS DE CESSER DE ME POUSSER À BOUT EN ME PARLANT COMME À UN ENFANT DÉBILE!
EH, BIEN, ALORS CONDUIS-TOI COMME UN HOMME!
QU'EST-CE QUE ÇA VEUT DIRE, ÇA, HEIN, HEIN?!
SI TU TE SENS MORVEUX, MOUCHE-TOI!
TU... TU PROFITES QUE NOUS SOMMES EN PUBLIC POUR CHERCHER À M'HUMILIER, HEIN, ET DEVANT 10 MILLIARDS DE SPECTATEURS ENCORE!!!
AH, AH, CHOIS PAS UN HOMME, HEIN. BEN, J'ESPÈRE QU'T'AS EMMENÉ UN VIBRO-MASSEUR! PARC'QUE JUSQU'À LA FIN DU VOYAGE, TINTIN, HEIN, TINTIN! TU M'AS COMPRIS?!
M'FAIT UNE BELLE JAMBE!
T'AS PAS TOUJOURS DIT ÇA! PAS PLUS TARD QU'AVANT-HIER... COMME UNE CHIENNE...
MON PAUVRE CHÉRI! SI TU SAVAIS!
NON, HÉLÈNE, NON, NOOOOON!!!
LA PRÉTENTION DE CES MÂLES STUPIDES! JE JOUAIS LA COMÉDIE! IL Y A BIEN LONGTEMPS QUE TES EXPLOITS NE ME FONT PLUS NI CHAUD NI FROID!
ME... ME DIRE ÇA DE-DEVANT 10 MILLIARDS DE TÉLESPECTATEURS!
JO, JE... CHÉRI!
JO, REPRENEZ-VOUS, JO!!!
FOUTEZ-MOI LA PAIX!!
ILS ONT RICOCHÉ SUR L'ATMOSPHÈRE MARTIENNE! D'APRÈS MES CALCULS NOUS NE POURRONS LES RÉCUPÉRER QUE DANS 30 ANS! C'EST AFFREUX!
QUELLE HORRIBLE AGONIE!!!
MAIS NON, ILS NE MOURRONT PAS! C'EST BIEN PIRE! ILS ONT DE QUOI VIVRE PENDANT PLUS DE 30 ANS EN TÊTE À TÊTE!!!
C'EST DE TA FAUTE
T'AVAIS QU'À PAS M'POUSSER À BOUT!!!